© Autonomia Literária, para a presente edição.
© Mark Fisher, 2009.

Originally published in the UK by John Hunt Publishing LTD, 3 East Street, New Alresford, Hampshire, SO24 9EE UK. Published in 2020 under licence from John Junt Publishing LTD.

Coordenação Editorial
Cauê Seigner Ameni
Hugo Albuquerque
Manuela Beloni
Organizador: Victor Marques
Tradução: Rodrigo Gonsalves, Jorge Adeodato e Maikel da Silveira
Edição, preparação de texto e diagramação: Manuela Beloni
Revisão: Arthur Dantas Rocha e Amauri Gonzo
Capa: sobinfluencia/Rodrigo Corrêa

CIP-BRASIL. CATALOGAÇÃO NA PUBLICAÇÃO
SINDICATO NACIONAL DOS EDITORES DE LIVROS, RJ

F565r

    Fisher, Mark, 1968-2017
        Realismo capitalista : é mais fácil imaginar o fim do mundo do que o fim do capitalismo? / Mark Fisher ; tradução Rodrigo Gonsalves, Jorge Adeodato, Maikel da Silveira ; [coordenação Manuela Beloni, Cauê Ameni]. - 1. ed. - São Paulo : Autonomia Literária, 2020.
        218 p. ; 21 cm.

        Tradução de : Capitalist realism : there is no alternative?
        ISBN 978-65-87233-09-3

        1. Capitalismo. 2. Capitalismo - História. I. Gonsalves, Rodrigo. II. Adeodato, Jorge. III. Silveira, Maikel da. IV. Beloni, Manuela. V. Ameni, Cauê. VI. Título.

20-65912   CDD: 330.122
                                CDU: 330.342.14

Camila Donis Hartmann - Bibliotecária - CRB-7/6472

12/08/2020   13/08/2020

Autonomia Literária
Rua Conselheiro Ramalho, 945 CEP: 01325-001São Paulo - SP
autonomialiteraria.com.br

Mark Fisher

Realismo Capitalista

traduzido por
Rodrigo Gonsalves
Jorge Adeodato
Maikel da Silveira

2025
Autonomia Literária

Sumário

É mais fácil imaginar o fim do mundo
do que o fim do capitalismo 8

E se você convocasse um protesto
e todo mundo aparecesse? 24

O capitalismo e o Real 32

Impotência reflexiva, imobilização
e comunismo liberal 42

6 de outubro de 1979:
"não se apegue a nada" 58

Tudo que é sólido se desmancha em
relações públicas: stalinismo de mercado
e antiprodução burocrática 70

"Se pudéssemos observar a sobreposição
de realidades distintas": o realismo
capitalista como trabalho onírico
e distúrbio de memória. 92

"Não há operadora central"........................106

Supernanny marxista.................................120

Apêndice

Não prestar para nada 137

Como matar um zumbi:
elaborando estratégias para
o fim do neoliberalismo............................142

Não falhar melhor:
lutar pra ganhar..152

Ninguém está entediado,
tudo é entediante 156

Pósfácio à edição brasileira
por Victor Marques e Rodrigo Gonsalves

Contra o cancelamento do futuro:
a atualidade de Mark Fisher na
crise do neoliberalismo............................163

É mais fácil imaginar o fim
do mundo do que o fim
do capitalismo

Em uma das principais cenas de *Filhos da Esperança*, filme de Alfonso Cuarón, o personagem de Clive Owen, Theo, visita um amigo na termelétrica de Battersea, agora um misto de edifício governamental e coleção de arte particular. Tesouros culturais como *Davi*, de Michelangelo, *Guernica*, de Picasso, ou o porco inflável do Pink Floyd são preservados nesse prédio que é, ele mesmo, um patrimônio cultural restaurado. Temos uma vaga ideia da vida da elite, afastada dos efeitos de uma catástrofe que causou uma esterilidade em massa: nenhuma criança nasceu no mundo há pelo menos uma geração. Theo pergunta: "por que tudo isso importa se não vai ter mais ninguém pra ver?". As futuras gerações já não servem mais como um álibi, já que não haverá nenhuma. A resposta é a expressão de um hedonismo niilista: "eu tento não pensar nisso".

O que é único na distopia de *Filhos da Esperança* não é o familiar cenário totalitário, que vemos retratados rotineiramente nas distopias cinematográficas (como em *V de Vingança*, filme de James McTeigue, de 2005), mas o fato de ela ser específica do capitalismo tardio. No romance de P. D. James, no qual o filme é baseado, a democracia foi interrompida e o país é governado por um autonomeado Guardião, mas, sabiamente, tudo isso fica em segundo plano no filme. As medidas autoritárias, que estão em todo lugar, poderiam ter sido implementadas por uma estrutura política que permaneceria, ao menos nominalmente, democrática. A Guerra ao Terror já tinha nos preparado para esse desenlace: a normalização da crise produz uma situação em que repelir as medidas trazidas para lidar com uma emergência se torna algo inimaginável (quando a guerra vai a acabar?).

Ao assistir *Filhos da Esperança*, é inevitável lembrar da frase atribuída a Fredric Jameson e Slavoj Žižek, de que é mais fácil imaginar o fim do mundo do que o fim do capitalismo. Esse slogan captura precisamente o que quero dizer por "realismo capitalista": o sentimento disseminado de que o capitalismo é o único sistema político e econômico viável, sendo impossível imaginar uma alternativa a ele. Houve um tempo em que filmes e romances distópicos eram exercícios semelhantes ao ato de imaginação – os desastres que descreviam serviam de pretexto para a emergência de diferentes formas de vida. Não é assim em *Filhos da Esperança*. O mundo ali exibido parece mais com uma extrapolação ou exacerbação da nossa própria realidade do que com uma alternativa a ela. Neste mundo, tal como no nosso, o ultra-autoritarismo e o capital não são de modo algum incompatíveis: campos de concentração e franquias de cafeterias famosas coexistem lado a lado. Em *Filhos da Esperança*, o espaço público foi abandonado, dando lugar a amontoados de lixo e animais selvagens (em uma cena especialmente marcante vemos um veado atravessar correndo uma escola abandonada). Os neoliberais, realistas capitalistas por excelência, celebram a destruição do espaço público, mas, contrariando suas expectativas oficiais, o Estado, em *Filhos da Esperança*, não é dissolvido, mas apenas reduzido às suas dimensões básicas: militares e policiais. (Falo em expectativas "oficiais" porque, em sua profundidade, o neoliberalismo sempre se apoiou no Estado, apesar de tê-lo difamado ideologicamente. Isso ficou absolutamente claro durante a crise dos bancos, em 2008, quando, a convite dos ideólogos neoliberais, o Estado correu para salvar o sistema bancário).

Em *Filhos da Esperança*, a catástrofe não é iminente e tampouco já aconteceu. Ao invés disso, está sendo vivida. Não há um momento pontual do desastre. O mundo não termina com uma explosão, ele vai se apagando, se desfazendo, desmoronando lentamente. Quem causou a catástrofe por vir? Não se sabe. Sua causa está distante, em algum lugar do passado, tão desconectada do presente que parece o capricho de algum ser maligno: um milagre negativo, uma maldição que penitência alguma é capaz de afastar. Tal praga só poderia ser encerrada por uma intervenção externa, tão imprevisível quanto a maldição que a iniciou. Qualquer ação é inútil; só a esperança sem sentido faz sentido. Superstição e religião, os primeiros abrigos dos desesperados, proliferam.

Mas do que se trata a catástrofe em si? É evidente que o tema da esterilidade deve ser lido metaforicamente, como o deslocamento de um outro tipo de ansiedade. Gostaria de argumentar que essa ansiedade deve ser lida em termos culturais, e que a questão que o filme coloca é: quanto tempo pode durar uma cultura sem o novo? O que acontece quando os jovens já não são mais capazes de produzir surpresas?

Filhos da Esperança se conecta com a suspeita de que o fim já chegou, com o pensamento de que é bem provável que o futuro nos reserve apenas repetição e recombinação. Será que não existem mais rupturas ou "choques de novidade" por vir? Tais questões costumam resultar em uma oscilação bipolar: o "messianismo fraco", que tem esperança de que algo novo está por vir, sucumbe à convicção de que nada de novo pode acontecer. O foco oscila entre a "próxima grande coisa" e a "última grande coisa" – há quanto tempo aconteceu e quão grande ela foi?

Filhos da Esperança herda de *A terra inútil*, de T.S. Eliot, o tema da esterilidade. A epígrafe de encerramento do filme "shantih shantih shantih" tem mais a ver com os fragmentos de Eliot do que com a beatitude dos Upanixades.[1] Talvez seja

---

[1] N. da E.: os Upanixades são parte das escrituras *Shruti hindus* que trazem argumentos sobre a religião, sendo consideradas por muitas das escolas do hinduísmo como instruções religiosas.

possível identificar ali as preocupações de um outro Eliot – o de *Tradition and individual talent* [Tradição e talento individual] – cifradas em *Filhos da Esperança*. Foi nesse ensaio que Eliot, antes de Harold Bloom, descreveu a relação recíproca entre o canônico e o novo. O novo se define como resposta ao canônico e, ao mesmo tempo, o canônico tem que se reconfigurar em resposta ao novo. A exaustão do futuro nos priva do passado. A tradição não tem valor se ela não é mais contestada e modificada. Uma cultura meramente preservada não é realmente cultura. O destino de *Guernica* no filme – antes um grito de angústia e raiva contra as atrocidades fascistas e agora reduzido a um objeto decorativo – é um bom exemplo. Assim como a termelétrica de Bettersea, convertida em depósito, a pintura é dotada de um estatuto "icônico" somente quando destituída de toda função ou contexto possíveis. Nenhum objeto cultural pode preservar seu poder quando não existem mais olhos novos para vê-lo.

Não precisamos esperar o futuro próximo de *Filhos da Esperança* chegar para testemunhar essa transformação da cultura em um museu de antiguidades. O poder do realismo capitalista deriva, em parte, da maneira pela qual ele resume e consome toda a história anterior. Trata-se de um efeito de seu "sistema de equivalência geral", capaz de transformar todos os objetos da cultura – quer sejam iconografia religiosa, pornografia ou *O capital* de Karl Marx – em valor monetário. Ande pelo Museu Britânico, no qual se podem ver objetos tirados de seu lugar de origem e reunidos como se estivessem dispostos sobre o balcão de uma nave de *O Predador*, e você terá uma imagem poderosa do processo em curso. Na conversão de práticas e rituais em meros objetos estéticos, as crenças das culturas anteriores são objetivamente ironizadas, transformadas em *artefatos*. O realismo capitalista não é, portanto, um tipo particular de realismo;

é o realismo em si. Como Marx e Engels observaram no *Manifesto Comunista*:

> [O capital][2]
> afogou os sagrados calafrios do êxtase devoto, do entusiasmo cavalheiresco, da melancolia pequeno-burguesa, nas águas gélidas do cálculo egoísta. Dissolveu a dignidade pessoal em valor de troca e substituiu as inúmeras liberdades conquistadas e garantidas por uma única: a inescrupulosa liberdade de comércio. Em resumo, a burguesia trocou a exploração envolta em ilusões religiosas e políticas pela exploração pura e simples, aberta, desavergonhada e direta.[3]

O capitalismo é o que sobra quando as crenças colapsam ao nível da elaboração ritual e simbólica, e tudo o que resta é o consumidor-espectador, cambaleando trôpego entre ruínas e relíquias.

Ainda assim, essa guinada da crença para a estética, do engajamento para o *voyeurismo*, é tida como uma das virtudes do realismo capitalista. Ao vangloriar-se de ter – como coloca Badiou – "nos libertado das 'abstrações fatais' inspiradas pelas 'ideologias do passado'", o realismo capitalista apresenta a si mesmo como um escudo que nos protege dos perigos resultantes de acreditar demais. A atitude de ironia distante, própria do capitalismo pós-moderno, supostamente nos imuniza contra as seduções do fanatismo. Rebaixar nossas expectativas – somos ensinados – é só um pequeno preço a pagar para estarmos a

---

[2] N. da E.: inserção do autor.

[3] Marx, Karl. *Manifesto do Partido Comunista*. São Paulo: Companhia das letras, 2012.

salvo do terror e do totalitarismo. "Nós vivemos em uma contradição", Badiou observa:

o brutal estado de coisas, profundamente desigual, onde toda existência é avaliada em termos apenas de dinheiro, é apresentada a nós como ideal. Para justificar seu conservadorismo, partidários da ordem estabelecida não podem chamar esse estado de ideal ou maravilhoso. Então, em vez disso, decidiram dizer que todo o resto é horrível. Claro, eles dizem, podemos não viver num paraíso. Mas temos sorte de não vivermos em uma condição infernal. Nossa democracia não é perfeita. Mas é melhor que as ditaduras sangrentas. O capitalismo é injusto, mas não é criminoso como o stalinismo. Nós deixamos milhões de africanos morrerem de AIDS, mas não fazemos declarações racistas e nacionalistas, como Milosevič. Nós matamos iraquianos com nossos bombardeios, mas não cortamos suas gargantas com facões como fazem lá em Ruanda etc.[4]

O "realismo" aqui é análogo à perspectiva deflacionária de um depressivo, que acredita que qualquer estado positivo, qualquer esperança, é uma perigosa ilusão.

Em sua interpretação do capitalismo – certamente a mais impressionante desde Marx – Deleuze e Guattari descrevem-no como uma espécie de potencialidade sombria que assombrou todos os sistemas sociais anteriores. O capital, dizem, é uma "coisa inominável", a abominação que as sociedades primitivas e feudais procuraram evitar antecipadamente. Quando enfim chega, o capitalismo traz consigo uma dessacralização massiva da cultura. É um sistema que não mais governa por

—
[4] Cox, Christoph; Whalen, Molly; Badiou, Alain. "On evil: an interview with Alain Badiou" em *Cabinet Magazine*, 2001-2002. Disponível em: http://www.cabinetmagazine.org/issues/5/alainbadiou.php

meio de uma lei transcendente. Ao contrário: desmantela todos os códigos desse tipo, apenas para reinstalá-los *ad hoc*. Os limites do capitalismo não são fixados de uma vez por todas, mas definidos (e redefinidos) de maneira pragmática e improvisada. Isso faz do capitalismo algo muito parecido com *A Coisa* no filme homônimo de John Carpenter: uma entidade monstruosa e infinitamente plástica, capaz de metabolizar e absorver qualquer coisa com a qual entre em contato. O capital, de acordo com Deleuze e Guattari, é "uma bricolagem de tudo o que já foi"; um estranho híbrido do ultramoderno com o arcaico. Na época em que Deleuze e Guattari escreveram os dois volumes de seu *Capitalismo e Esquizofrenia*, aparentemente os impulsos desterritorializantes do capitalismo estavam confinados às finanças, deixando a cultura aos cuidados das forças de reterritorialização.

Esse mal estar, esse sentimento de que não há nada de novo, evidentemente, não é novidade. Nós o encontramos no conhecido conceito de "fim da história", tão alardeado por Francis Fukuyama após a queda do Muro de Berlim. A tese de Fukuyama de que a história havia atingido o clímax com o capitalismo liberal pode ter sido amplamente ridicularizada, mas continua sendo aceita, e mesmo presumida, no plano do inconsciente cultural. Vale lembrar, entretanto, que mesmo quando Fukuyama a defendeu, a ideia de que a história tinha chegado ao "ponto final" não era meramente triunfalista. Fukuyama advertiu que a radiante cidade que avistávamos ao longe poderia ser mal-assombrada, embora achando que seus fantasmas seriam mais nietzscheanos que marxianos. Algumas das páginas mais cautelosas de Nietzsche são aquelas nas quais ele descreve a "supersaturação de história de uma certa época". "Isso conduz essa era a uma perigosa ironia em relação a si mesma", escreveu em *Considerações Extemporâneas,* "e, subsequentemente, a um cinismo ainda mais perigoso", no qual a "postura cosmopolita" do

15

espectador desinteressado substitui o engajamento e o envolvimento. Essa é a condição do "último homem" de Nietzsche, que viu de tudo, mas é debilitado e decadente precisamente por conta desse excesso de (auto) consciência.

A posição de Fukuyama, de certa forma, espelha a de Fredric Jameson. Jameson, notoriamente, declarou que o pós-modernismo é "a lógica cultural do capitalismo tardio". Ele argumentou que o fracasso do futuro era um elemento constitutivo da cena cultural pós-moderna que, como profetizou corretamente, seria dominada pelo pastiche e pela releitura. Considerando que Jameson já tinha desenvolvido um argumento convincente acerca da relação entre o pós-modernismo cultural e certas tendências no consumo capitalista (ou pós-fordista), pode parecer que não há nenhuma necessidade de um conceito como o de realismo capitalista. Em algum sentido, isso é verdade. O que estou chamando de realismo capitalista pode ser integrado à rubrica do pós-modernismo teorizado por Jameson. No entanto, apesar do esforço heroico de elucidação feito por Jameson, "pós-modernismo" continua sendo um termo fortemente contestado, cujos sentidos – de maneira tão apropriada quanto irritante – seguem flutuantes e múltiplos. Além disso, quero demonstrar que alguns dos processos descritos e analisados por Jameson se tornaram crônicos e se agravaram tanto a ponto de sofrerem uma mudança de natureza.

Há três razões que me levam a preferir o termo realismo capitalista e não pós-modernismo. Em primeiro lugar, nos anos 1980, quando Jameson desenvolveu pela primeira vez sua tese sobre o pós-modernismo, ainda existiam – pelo menos em nome – alternativas ao capitalismo. Hoje, contudo, estamos lidando com um senso de exaustão e esterilidade política muito mais profundos e mais generalizados. Nos anos 1980, o "socialismo real" ainda persistia, mesmo que na fase final de seu colapso. Na Inglaterra, as linhas de fratura do antagonismo de classes estavam completamente expostas, em razão de conflitos como a Greve dos Mineiros de 1984-1985. A derrota desse movimento foi um momento importante no desenvolvimento do realismo capitalista [no Reino Unido], tão ou mais significante em sua dimensão simbólica quanto em seus efeitos práticos. O fechamento das minas foi defendido precisamente com base no argumento de que mantê-las abertas não era "economicamente realista", e os mineiros foram retratados como os últimos atores de um romance proletário fracassado. Os anos 1980 foram o período no qual o realismo capitalista se estabeleceu, com muita luta, e criou raízes. Foi a época em que a doutrina de Margaret Thatcher de que "não há alternativa"[5] – um slogan tão sucinto para o realismo capitalista quanto se poderia querer – se transformou em uma profecia brutalmente autorrealizável.

Em segundo lugar, pós-modernismo envolve uma relação com o modernismo. O trabalho de Jameson sobre o pós-modernismo começa com uma interrogação sobre a ideia, defendida por gente como Adorno, de que o modernismo, só por suas inovações formais, possuía desde já um potencial revolucionário. Ao invés disso, o que Jameson viu acontecer foi a incorporação dos motes modernistas pela cultura popular (de repente, por exemplo, as técnicas surrealistas apareceram na publicidade). Ao mesmo tempo que formas particulares do modernismo foram absorvidas e mercantilizadas, o credo modernista – sua atribuída fé no elitismo e modelo monológico e verticalizado de cultura – foi desafiado e rejeitado em nome da "diferença", da "diversidade" e da "multiplicidade". O realismo capitalista não mais encena esse tipo de confronto com o modernismo. Ao contrário, a derrota do modernismo é simplesmente aceita

---

[5] N. da E.: *there is no alternative*, ou TINA, no acrônimo em inglês, foi o slogan usado por Margaret Tatcher em defesa da economia de mercado como o único sistema possível.

como dada: o modernismo agora é algo que até pode ressurgir, periodicamente, mas apenas como um estilo estético congelado, mas não mais como um ideal de vida.

Em terceiro lugar, mais de uma geração já nos separa do colapso do Muro de Berlim. Nas décadas de 1960 e 1970, o capitalismo ainda tinha que enfrentar o problema de como conter e absorver as energias externas. Agora, enfrenta o problema oposto: tendo incorporado tudo que lhe era exterior tão completamente, como pode funcionar sem um exterior para colonizar ou do qual se apropriar? Para a maior parte das pessoas com menos de 20 anos, na Europa e na América do Norte, a falta de alternativas ao capitalismo não é nem sequer uma questão. Jameson costumava se referir, horrorizado, aos caminhos pelos quais o capitalismo se infiltrava no próprio inconsciente; agora, o fato de o capitalismo ter colonizado até os sonhos da população é tão amplamente aceito que nem vale a pena comentar. Seria perigoso e enganador imaginar que o passado próximo foi uma espécie de idílio, repleto de potencial político. É sempre bom lembrar o papel que a mercantilização desempenhou na produção da cultura no século xx. De todo modo, a velha batalha entre apropriação[6] e recuperação, entre subversão e incorporação, parece coisa do passado. Não estamos lidando agora, como antes, com a incorporação de materiais dotados de potencial subversivo, mas sim com sua *precorporação*: a formatação e a moldagem prévia dos desejos, aspirações e esperanças pela cultura capitalista. Prova disso, por exemplo, é o estabelecimento acomodado de zonas culturais "alternativas" ou "independentes", que repetem infinitamente gestos de rebelião e contestação como se fossem feitos pela primeira vez. "Alternativo" e "independente" não designam nada fora do *mainstream*;

---

[6] N. da E.: no original *détournement*.

pelo contrário, são, na verdade, os estilos dominantes no interior do *mainstream*. Ninguém encarnou (e lutou contra) esse beco sem saída mais do que Kurt Cobain e o Nirvana. Com sua espantosa lassidão e sua raiva sem objeto, Cobain parecia ecoar a voz esgotada do desânimo de uma geração que tinha nascido depois da história, para a qual cada gesto era antecipado, rastreado, comprado e vendido antes mesmo de acontecer. Cobain sabia que ele era apenas mais uma peça do espetáculo, que nada funcionava melhor na MTV do que um protesto contra a MTV; sabia que cada gesto seu era um clichê, previamente roteirizado, e sabia que até mesmo saber disso era um clichê. O impasse que paralisava o músico era o mesmo que Jameson descrevia ao se referir à cultura pós-moderna em geral. Cobain se via inserido "em um mundo no qual a inovação estilística não é mais possível, [em que] tudo o que resta é imitar estilos mortos, falar através de máscaras e com as vozes dos estilos no museu imaginário".[7] Nesse contexto, até o sucesso significa um fracasso: ser bem-sucedido quer dizer apenas que você é a "carne nova do pedaço" – e logo, logo, vai ser devorado pelo sistema. Mas a profunda angústia existencial do Nirvana e de Cobain já pertence a um outro tempo; o que veio depois disso foi uma cópia do rock, que reproduz as formas do passado sem angústia nenhuma.

A morte de Cobain confirmou a derrota e a incorporação da utopia do rock e de suas ambições ousadas. Quando ele morreu, o rock já tinha sido eclipsado pelo hip hop, cujo sucesso global pressupunha o tipo perfeito de *precorporação* capitalista que mencionei acima. Para boa parte do hip hop, qualquer esperança 'ingênua' de que a cultura jovem ainda seria capaz de mudar alguma coisa cedeu lugar à adesão incondicional a

---

[7] Jameson, Fredric. *A virada cultural: reflexões sobre o pós-moderno*. Rio de Janeiro: Civilização Brasileira, 2006.

uma versão brutalmente redutora da "realidade". "No hip hop", apontou Simon Reynolds em um ensaio publicado pela *Wire Magazine* em 1996,

> "real" tem dois significados. Primeiro, significa autêntico, a música sem compromissos, que se recusa a se vender para a indústria caso tenha que suavizar sua mensagem. "Real" também significa que a música reflete a "realidade" constituída pela instabilidade econômica do capitalismo tardio, da institucionalização do racismo, da vigilância crescente e do assédio da juventude pela polícia. "Real" significa a morte do social: significa corporações cujos lucros crescentes não refletem em aumentos de salário ou melhorias nos benefícios, mas em *downsizing* (a demissão da força de trabalho permanente para a criação de uma massa flutuante de trabalhadores contratados em regimes de meio-expediente e "freelas" que não gozam de benefício ou segurança alguma no emprego).[8]

No fim, era precisamente por encenar essa primeira versão do "real" – a sem compromissos – que o hip hop possibilitava a absorção fácil da segunda: a realidade de instabilidade econômica do capitalismo tardio, na qual essa autenticidade provou ser altamente vendável. O gangsta rap não reflete nem condições sociais pré-existentes, como muitos de seus defensores argumentam, nem tampouco é causa delas, como afirmam críticos –, pelo contrário: o circuito em que hip hop e capitalismo tardio se alimentam um do outro é um dos meios pelos quais o realismo capitalista se converte numa espécie de mito antimítico. A afinidade entre o hip hop e filmes de gangster como *Scarface*, *O Poderoso Chefão*, *Cães de Aluguel*, *Os Bons Companheiros* e *Pulp*

---

[8] Reynolds, Simon. "Slipping into darkness" em *The Wire*, 1996.

Fiction, emerge do argumento comum de que eles estariam despindo o mundo de ilusões sentimentalóides para mostrá-lo "como realmente é": uma guerra *hobbesiana* de todos contra todos, um sistema de perpétua exploração e de criminalidade generalizada. No hip hop, Reynolds escreve, "'cair na real' é confrontar o estado de natureza, onde cão come cão, onde você é vencedor ou perdedor, e onde a maioria vai perder".[9]

O mesmo acontece na visão de mundo *neo noir* que encontramos nos quadrinhos de Frank Miller e nas narrativas de James Ellroy. Há um tipo de desmitologização a partir de um prisma machista nos trabalhos de Miller e Ellroy. Eles posam de observadores implacáveis, que se recusam a embelezar o mundo para encaixá-lo em uma ética binária, supostamente simplista, dos super-heróis de quadrinhos e dos romances de crime clássicos. O "realismo" aqui, em vez de ser obsoleto, é realçado pelo foco no furiosamente venal – ainda que a insistência exagerada na crueldade, traição e selvageria, em ambos os escritores, se torne rapidamente pantomímica. "Em sua completa escuridão", escreveu Mike Davis sobre Ellroy em 1992, "não há mais luz que possa projetar sombras, e o mal se torna uma banalidade forense. O resultado se parece muito com a própria textura moral da era Reagan-Bush: uma supersaturação de corrupção que já não provoca mais indignação ou, sequer, interesse".[10] Essa dessensibilização, no entanto, cumpre uma função no realismo capitalista: Davis levanta a hipótese de que "o papel pós-moderno do *noir* de LA pode ser precisamente o de endossar a emergência do *homo reaganus*".[11]

---

[9] Idem.

[10] Davis, Mike. *Cidade de quartzo: escavando o futuro em Los Angeles*. São Paulo: Boitempo Editorial, 2009.

[11] Idem.

E se você convocasse um protesto e todo mundo aparecesse?

No caso do gangsta rap e de Ellroy, o realismo capitalista toma forma em uma espécie de superidentificação com o capital, em sua versão mais impiedosamente predatória. Mas não precisa ser assim. Na verdade, o realismo capitalista não exclui certo tipo de anticapitalismo. Afinal, como Žižek provocativamente apontou, o anticapitalismo está amplamente disseminado no capitalismo. Vez por outra acontece de o vilão dos filmes de Hollywood ser uma "corporação capitalista maligna". Longe de enfraquecer o realismo capitalista, esse anticapitalismo gestual, na realidade, reforça-o. Pegue, por exemplo, *Wall-E*, da Disney/ Pixar. O filme mostra uma Terra tão depredada que os seres humanos já não são mais capazes de habitá-la. O filme não deixa sombra de dúvida de que o consumismo capitalista e as corporações – ou melhor, a megacorporação Buy n Large – foram os responsáveis por essa devastação. E quando finalmente encontramos os seres humanos em seu exílio fora do planeta, eles são infantis e obesos, interagindo por meio de suas telinhas, transportados pra lá e pra cá por enormes cadeiras flutuantes, e sugando por canudinhos uma gosma indeterminada em copos plásticos. O que temos é uma visão de controle e comunicação mais ou menos como Jean Baudrillard as entendia, na qual a subjugação não mais se dá como subordinação a um espetáculo externo, mas, ao contrário, nos convida a interagir e participar. Parece que o público no cinema é ele mesmo objeto dessa sátira, o que levou analistas de direita a torcer o nariz e rechaçar o filme, condenando a Disney/Pixar por atacar sua própria audiência. Mas esse tipo de ironia mais alimenta do que ameaça o realismo capitalista. Um filme como *Wall-E* exemplifica o que Robert Pfaller chamou de "interpassividade": o filme performa nosso anticapitalismo para nós, nos autorizando assim a continuar consumindo impunemente. O papel da ideologia capitalista não é o de fazer a defesa explícita de nada, como a propaganda faz, mas ocultar o fato de que as operações do capital não dependem de nenhum tipo de subjetividade ou crença. Era impossível conceber o fascismo ou o stalinismo sem propaganda – mas o capitalismo pode funcionar perfeitamente bem, em certos sentidos até melhor, sem ninguém para defendê-lo abertamente. Aqui o conselho de Žižek permanece válido: "se o conceito de ideologia que está em jogo é o clássico, no qual a ilusão se situa no âmbito do conhecimento", argumenta,

> então a sociedade atual aparece como pós-ideológica: a ideologia dominante é a do cinismo; as pessoas não mais acreditam em uma verdade ideológica; não levam mais as proposições ideológicas a sério. O nível fundamental da ideologia, no entanto, não é o de uma ilusão que mascara o real estado de coisas, mas aquele de uma fantasia (inconsciente) que estrutura nossa realidade enquanto tal. E nesse nível, estamos claramente bem longe de uma sociedade pós-ideológica. O distanciamento cínico é só uma maneira... de fechar os olhos para o poder estrutural da fantasia ideológica: mesmo quando não levamos as coisas a sério, mesmo quando mantemos um distanciamento irônico, *nós as continuamos fazendo.*[12]

A ideologia capitalista em geral, sustenta Žižek, consiste precisamente em supervalorizar a crença – no sentido de atitude subjetiva interior – a despeito das crenças que exibimos e

---

[12] Žižek, Slavoj. *The sublime object of ideology*, 1989.

exteriorizamos em nossos comportamentos. Contanto que acreditemos (em nossos corações) que o capitalismo é mau, somos livres para continuar participando da troca capitalista. De acordo com Žižek, o capitalismo em geral se apoia em uma estrutura de denegação. Acreditamos que o dinheiro é apenas uma convenção sem sentido, desprovido de valor intrínseco, no entanto, *agimos* como se possuísse um valor sagrado. Pior, esse comportamento depende da negação inicial – só somos capazes de fetichizar o dinheiro em nossas ações porque já tomamos uma distância irônica em relação a ele em nossas cabeças.

O anticapitalismo corporativo não seria importante caso pudéssemos diferenciá-lo de um movimento anticapitalista autêntico. No entanto, mesmo antes do seu impulso ter sido refreado com os ataques ao World Trade Center no 11 de setembro, o assim chamado movimento anticapitalista (movimento antiglobalização/altermundialista) parecia já ter cedido terreno demais ao realismo capitalista. Tendo se mostrado incapaz de apresentar uma alternativa de modelo político-econômico coerente ao capitalismo, cresceu a suspeita de que talvez o objetivo não fosse mais superar o capitalismo, mas apenas mitigar seus excessos. E, uma vez que a forma de suas atividades privilegiava o protesto, em detrimento da organização política, havia a sensação de que o movimento antiglobalização consistia meramente em uma série de demandas histéricas que ninguém esperava que fossem atendidas realmente. Os protestos produziam uma espécie de ruído de fundo carnavalesco para o realismo capitalista, e tinham muito em comum com mega eventos corporativos como o Live 8,[13] de 2005, com suas co-

---

[13] N. da E.: série de shows que ocorreram nos dias 2 e 6 de julho de 2005, contando com a participação de mais de mil músicos, nos países integrantes do G8 e África do Sul. O Objetivo era pressionar os líderes mundiais a perdoarem a dívida externa das nações mais pobres do

branças exorbitantes para que os políticos decretassem por lei o fim da pobreza.

O Live 8 era um estranho tipo de protesto: um protesto com o qual todo mundo podia concordar – afinal, quem seria a favor da pobreza? Não é que o Live 8 fosse uma forma "degenerada" de protesto. Pelo contrário, foi no Live 8 que a lógica dos protestos se revelou em sua forma mais pura. O impulso de protestos dos anos 1960 postulava a existência de um "Pai maligno", o anunciador de um princípio de realidade que (supostamente) negava de maneira cruel e arbitrária o "direito" ao gozo total. Esse Pai tinha acesso a recursos ilimitados, mas de forma egoísta e insensível, guardava-os para si. No entanto, não é o capitalismo, mas o próprio protesto que depende dessa figuração do Pai; e um dos trunfos da atual elite global tem sido evitar a identificação com essa figura do Pai avarento, mesmo que a "realidade" imposta à juventude atual seja *substancialmente mais severa* do que as condições contra as quais os jovens protestaram nos anos 1960. De fato, foi a própria elite global – na figura de celebridades como Richard Curtis e Bono – que organizou o Live 8.

Recuperar uma agência política efetiva significa, em primeiro lugar, reconhecer a nossa participação, ao *nível do desejo*, no impiedoso moedorde carne do capital. O que está sendo denegado nesse repúdio ao mal e à ignorância, projetados nesse Outro fantasmático, é a nossa própria cumplicidade com as redes de opressão planetárias. É preciso ter em mente que o capitalismo é *tanto* uma estrutura impessoal hiper abstrata *quanto* algo que não poderia existir sem a nossa colaboração. A descrição mais gótica do capital é também a mais precisa. O capital é um parasita, um vampiro insaciável, uma epidemia

---

mundo, e promover um comércio que respeitasse os interesses das nações africanas.

zumbi; mas a carne viva que ele transforma em trabalho morto é a nossa, os zumbis que ele produz somos nós. Há um certo sentido em que os membros da elite política *são* nossos servos; e o miserável serviço que nos prestam é o de lavagem de libido, de obsequiosamente representar a nós mesmos nossos próprios desejos denegados, como se não tivessem nada a ver conosco.

A chantagem ideológica que está por aí desde os primeiros concertos do Live Aid[14] insiste que "indivíduos caridosos" podem acabar diretamente com a fome, sem precisar de nenhum tipo de solução política ou de reorganização sistêmica. É preciso agir imediatamente, nos dizem; deixar a política de lado em nome de uma emergência ética. A marca Product Red, de Bono, queria dispensar até a intermediação de entidades filantrópicas. "A filantropia é como a música hippie, que se canta de mãos dadas", declarou Bono. "A Red é mais punk rock, hip hop, deve parecer como comércio puro". O ponto não era oferecer uma alternativa ao capitalismo – ao contrário: o caráter "punk rock" ou "hip hop" da Product Red consistia em uma aceitação "realista" do capitalismo como único jogo a ser jogado. O objetivo era apenas garantir que partes dos lucros de transações específicas fossem destinados a boas causas. A fantasia era que o consumismo, longe de estar intrinsecamente implicado na desigualdade global sistêmica, poderia, ao contrário, resolvê-la. Tudo que precisávamos fazer era comprar os produtos certos.

---

[14] N. da E.: festival de rock realizado em 1985 com o objetivo de angariar fundos para combater a fome na Etiópia.

O capitalismo
e o Real

A expressão "realismo capitalista" não é original. Já foi usada, na década de 1960, por um grupo de pop art alemã[15] e por Michael Schudson em seu livro de 1984 *Advertising: the uneasy persuasion* [Propaganda: a persuasão inquieta] – ambos fazendo referência paródica ao realismo socialista. O que é novo no uso que faço do termo é o significado mais expansivo – e até exorbitante – que atribuo a ele. O realismo capitalista, como o entendo, não pode ser confinado à arte ou à maneira quase propagandística pela qual a publicidade funciona. Trata-se mais de uma *atmosfera* abrangente, que condiciona não apenas a produção da cultura, mas também a regulação do trabalho e da educação – agindo como uma espécie de barreira invisível, bloqueando o pensamento e a ação.

Se o realismo capitalista é tão fluido, e se as formas atuais de resistência são tão desesperançosas e impotentes, de onde poderia vir um desafio efetivo? Uma crítica moral ao capitalismo, enfatizando as maneiras pelas quais ele gera miséria e dor, apenas reforça o realismo capitalista. Pobreza, fome e guerra podem ser apresentadas como aspectos incontornáveis da realidade, ao passo que a esperança de um dia eliminar tais formas de sofrimento pode ser facilmente representada como mero utopismo ingênuo. O realismo capitalista só pode ser ameaçado se for de alguma forma exposto como inconsistente ou in-

---

[15] N. da E.: o grupo era composto principalmente pelos artistas Gerhard Richter (então ainda Gerd Richter), Konrad Lueg, Sigmar Polke e Manfred Kuttner.

sustentável, ou seja, mostrando que o ostensivo "realismo" do "capitalismo" na verdade não tem nada de realista.

Não é preciso dizer que o que conta como "realista", o que parece possível em qualquer ponto do campo social, é definido por uma série de determinações políticas. Uma posição ideológica nunca é realmente bem-sucedida até ser naturalizada, e não pode ser naturalizada enquanto ainda for pensada como valor, e não como um fato. Não por acaso, o neoliberalismo tem procurado acabar com a própria categoria de valor em um sentido ético. Ao longo dos últimos trinta anos, o realismo capitalista implantou com sucesso uma "ontologia empresarial", na qual é *simplesmente óbvio* que tudo na sociedade, incluindo saúde e educação, deve ser administrado como uma empresa. Como um grande número de teóricos radicais – de Brecht a Foucault e Badiou – já sustentaram, a política emancipatória precisa sempre destruir a aparência de uma "ordem natural": deve revelar que o que nos é apresentado como necessário e inevitável é, na verdade, apenas contingente, e deve fazer com que o que antes parecia impossível seja agora visto como alcançável. Vale a pena recordar que o que é atualmente chamado de realista já foi um dia "impossível": a onda de privatizações dos anos 1980 seria impensável apenas uma década antes, e o atual panorama político (com sindicatos dormentes, ferrovias desnacionalizadas e serviços públicos terceirizados) mal podia ser imaginado em 1975. Por outro lado, o que um dia já esteve iminentemente próximo, agora é considerando irrealista. "Modernização", observa amargamente Badiou, "é o nome dado a uma definição estrita e servil do possível. Essas 'reformas' invariavelmente visam tornar impossível o que costumava ser praticável (para a maioria), e convertendo em fonte de lucro (para a oligarquia dominante) o que não costumava ser".[16]

Neste ponto, talvez valha a pena introduzir uma distinção teórica elementar da psicanálise lacaniana, à qual Žižek se esforçou para conferir um valor atual: a diferença entre real e realidade. Como Alenka Zupančič explica, o postulado psicanalítico de um *princípio* de realidade nos convida a desconfiar de qualquer realidade que se apresente como natural. "O princípio de realidade", escreve Zupančič,

> não é um tipo de estado natural associado ao modo de ser das coisas... O princípio de realidade é ele mesmo ideologicamente mediado; pode-se até mesmo afirmar que constitui o grau mais elevado de ideologia, a ideologia que se apresenta como fato empírico (ou biológico, econômico), necessidade (e que tendemos a perceber como não ideológica). É precisamente aqui que devemos ficar mais atentos ao funcionamento da ideologia.[17]

Para Lacan, o Real é o que qualquer "realidade" deve suprimir; aliás, a própria realidade só se constitui por meio dessa repressão. O Real é um x irrepresentável, um vazio traumático que só pode ser vislumbrado nas fraturas e inconsistências no campo da realidade aparente. Portanto, uma estratégia contra o realismo capitalista envolve invocar o Real subjacente à realidade que o capitalismo nos apresenta.

A catástrofe ambiental se enquadra neste conceito. De certa perspectiva, com certeza, pode parecer que os temas ambientais estão longe de ser "vazios irrepresentáveis" para a cultura capitalista, pois a mudança climática e a ameaça de esgota-

---

[16] Badiou, Alain. *The meaning of Sarkozy*, 2008.

[17] Zupančič, Alenka. *The shortest shadow: Nietzsche's philosophy of the two*, 2003.

mento dos recursos estão sendo incorporadas à publicidade e à propaganda ao invés de serem reprimidas. Mas o que esse tratamento da catástrofe ambiental ilustra é a estrutura de fantasia da qual o realismo capitalista depende: o pressuposto de que os recursos são infinitos, que o próprio planeta Terra não passa de uma espécie de casco, do qual o capital pode a qualquer momento se livrar, como se abandonando uma carapaça usada, e de que qualquer problema pode ser resolvido pelo mercado. No final de *Wall-E* é apresentada uma versão dessa fantasia – a ideia de que a expansão infinita do capital é possível, de que o capital pode se reproduzir sem o trabalho (na nave espacial Axiom todo trabalho é realizado por robôs), de que o esgotamento dos recursos terrenos é apenas um probleminha técnico temporário e que depois de um período adequado de recuperação o capital poderá terraformar a própria Terra e recolonizá-la. No entanto, a catástrofe ambiental ainda figura no capitalismo tardio apenas como um tipo de simulacro e suas reais implicações são traumáticas demais para serem assimiladas pelo sistema. A importância da crítica verde é que ela sugere que, longe de ser o único sistema político-econômico viável, o capitalismo está na verdade destinado a destruir as condições ecológicas das quais dependem o ser humano. A relação entre capitalismo e o desastre ecológico não é acidental, e nem uma mera coincidência: "a necessidade constante de um mercado em expansão" por parte do capital, seu "fetiche pelo crescimento", mostra que o capitalismo, por sua própria natureza, se opõe a qualquer noção de sustentabilidade.

Mas os temas ecológicos já estão em pauta, e a luta pela sua politização está sendo travada. Nas próximas páginas, quero chamar atenção para duas outras aporias do realismo capitalista, que ainda não chegaram nem perto de alcançar o mesmo grau de politização. A primeira é a saúde mental. A saúde mental é efetivamente um caso paradigmático de como o capitalismo realista opera. O realismo capitalista insiste em tratar as doenças mentais como se fossem um fato natural, tal como o clima (embora, como acabamos de ver, também o clima já não é um mero fato natural, mas um efeito político--econômico). Nos anos 1960 e 1970, a teoria radical e política (Laing, Foucault, Deleuze e Guattari etc.), convergiu em torno das condições mentais extremas como a esquizofrenia, argumentando, por exemplo, que a loucura não era uma categoria natural, mas política. Mas o que é preciso agora é politizar transtornos muito mais comuns. Na verdade, a questão é justamente que sejam cada vez mais comuns: na Inglaterra, por exemplo, a depressão é a condição mais tratada pelo NHS.[18] Em seu livro, *The selfish capitalist* [O capitalista egoísta], Oliver James defendeu de maneira convincente a correlação entre o aumento das taxas de distúrbios mentais e o modelo capitalista neoliberal praticado em países como Grã Bretanha, Estados Unidos e Austrália. Na mesma linha de James, quero argumentar que é preciso reformular o problema crescente do estresse e da angústia nas sociedades capitalistas. Em vez de atribuir aos indivíduos a responsabilidade de lidar com seus problemas psicológicos, aceitando a ampla *privatização do estresse* que aconteceu nos últimos trinta anos, precisamos perguntar: quando se tornou aceitável que uma quantidade tão grande de pessoas, e uma quantidade especialmente grande de jovens, estejam doentes? A "epidemia de doença mental" nas sociedades capitalistas deveria sugerir que, ao invés de ser o único sistema que funciona, o capitalismo é inerentemente disfuncional, e o custo para que ele pareça funcionar é demasiado alto.

---

[18] N. da E.: National Health System [Sistema Nacional de Saúde Inglês], equivalente ao SUS no Brasil.

O outro fenômeno que quero destacar é a burocracia. Em sua disputa com o socialismo, os ideólogos neoliberais frequentemente denunciaram impiedosamente a burocracia verticalizada que, de acordo com eles, conduzia à esclerose institucional e à ineficiência das economias de comando de tipo soviético. Com o triunfo do neoliberalismo, a burocracia havia supostamente ficado obsoleta; uma relíquia de um passado stalinista do qual ninguém sentia saudades. No entanto, isso está em flagrante desacordo com a experiência da maioria das pessoas que trabalham e vivem no capitalismo tardio, para as quais a burocracia continua sendo uma grande parte da vida cotidiana. Em vez de desaparecer, a burocracia mudou sua forma; e essa forma nova e descentralizada permitiu a sua proliferação. A persistência da burocracia no capitalismo tardio não indica, por si só, que o capitalismo não funciona – ela sugere que a maneira pela qual o capitalismo de fato funciona é bem diferente da imagem apresentada pelo realismo capitalista.

Em parte, optei por focar nos problemas da saúde mental e da burocracia porque ambos figuram com força em uma área da cultura que tem sido cada vez mais dominada pelos imperativos do realismo capitalista: a educação. Ao longo da maior parte da primeira década dos anos 2000, trabalhei como professor em um instituto de educação continuada e no que se segue me apoiarei extensivamente nas experiências que vivi por lá. Na Inglaterra, os institutos de educação continuada costumam ser o lugar para os quais os estudantes, em geral oriundos da classe trabalhadora, são atraídos quando procuram uma alternativa às instituições mais formais de ensino superior público. Quando saíram do controle das autoridades locais, no começo dos anos 1990, os institutos de educação continuada se tornaram reféns das pressões do "mercado" e das metas impostas pelo governo. Viraram a vanguarda das mudanças que seriam disseminadas pelo resto do sistema educacional e dos serviços públicos –

uma espécie de laboratório no qual as "reformas" neoliberais na educação foram testadas e, por isso, são o lugar perfeito para começar uma análise dos efeitos do realismo capitalista.

Impotência reflexiva, imobilização e comunismo liberal

Em contraste com seus antecessores das décadas de 1960 e 70, os estudantes britânicos de hoje parecem estar politicamente desengajados. Enquanto os estudantes franceses ainda podem ser vistos nas ruas protestando contra o neoliberalismo, o estudante inglês, cuja situação é incomparavelmente pior, parece estar resignado ao seu destino. Não por uma questão de apatia, nem de cinismo, mas de *impotência reflexiva*. Eles sabem que as coisas vão mal, mas mais do que isso, "sabem" que não podem fazer nada a respeito. No entanto, este "conhecimento", esta reflexão, não é uma observação passiva de um estado das coisas já existente. É uma profecia autorrealizável.

A impotência reflexiva constitui uma visão de mundo não explicitada, dominante entre os jovens britânicos, e tem seu correlato em patologias amplamente difundidas. Muitos dos adolescentes com os quais trabalhei sofriam de problemas de saúde mental ou dificuldades de aprendizado. A depressão é endêmica. É o problema de saúde mais comum no NHS, e tem afligido pessoas cada vez mais jovens. O número de alunos que sofrem de algum nível de dislexia é impressionante. Não é exagero dizer que ser um adolescente no capitalismo tardio da Grã Bretanha está se tornando praticamente uma condição clínica. Essa patologização em si já bloqueia qualquer possibilidade de politização. A privatização destes problemas – tratando-os como causados por desequilíbrios químicos na neurologia do indivíduo e/ou por seu histórico familiar – já descarta de início qualquer questionamento sobre sua causa social sistêmica.

Muitos dos jovens estudantes que conheci pareciam estar em um estado que chamaria de hedonia depressiva. A depressão é habitualmente caracterizada como um estado não-hedônico, mas a condição a qual me refiro aqui é constituída não tanto por uma incapacidade em se obter prazer e mais pela incapacidade de fazer qualquer outra coisa *senão* buscar prazer. Há uma sensação de que "algo está faltando" – mas nenhuma apreciação de que este gozo perdido, misterioso, só possa ser acessado *para além* do princípio do prazer. Trata-se, em grande parte, de uma consequência do posicionamento estruturalmente ambíguo dos alunos, perdidos entre o antigo papel de sujeitos de instituições disciplinares e o novo estatuto de consumidores de serviços. Em seu texto crucial, "Posfácio sobre as sociedades de controle", Deleuze faz uma distinção entre as sociedades disciplinares descritas por Foucault, organizadas em torno dos ambientes fechados das fábricas, escolas e prisões, e as novas sociedades de controle, nas quais todas as instituições estão imersas em uma corporação dispersa.

Deleuze está correto ao argumentar que Kafka é o profeta do poder cibernético e distribuído, típico das sociedades de controle. Em *O processo*, Kafka distingue crucialmente dois tipos de absolvição disponíveis ao acusado. A absolvição definitiva não é mais possível, se é que em algum momento de fato foi ("temos apenas referências lendárias de casos antigos [que] fornecem instâncias de absolvição")[19]. As duas opções que sobraram foram: (1) "absolvição ostensiva", na qual o acusado é para todos os propósitos absolvido, mas pode ainda, em algum momento não especificado, ter que enfrentar as acusações integralmente ou (2) "postergação indefinida", na qual o acusado se engaja em um processo prolongado – indefinidamente prolongado, com

---

[19] Waismann, Friedrich Waismann, "A philosopher looks at Kafka" em *Essays in Criticism*, 1953.

sorte – de disputa legal, arrastando o processo para tornar cada vez menos provável que o julgamento derradeiro enfim chegue. Deleuze notou que as sociedades de controle descritas pelo próprio Kafka, mas também por Foucault e Burroughs, operam por meio da "postergação indefinida": a educação é um processo para toda vida; o treinamento para o trabalho se estende por toda a vida profissional; o trabalho nunca termina porque você leva o trabalho para casa; trabalha-se em casa e se fica em casa no trabalho etc. Uma consequência deste modo "indefinido" de poder é que a vigilância externa é sucedida pelo policiamento interno. O controle só funciona se você for cúmplice. Logo, a figura do "viciado em controle" de Burroughs: aquele que é viciado por controle, mas também, inevitavelmente, aquele que foi dominado e possuído pelo controle.

Ao entrar em praticamente qualquer sala de aula no instituto onde lecionei, fica evidente de que se trata de um contexto pós-disciplinar. Foucault enumera dolorosamente os modos como a disciplina foi instalada através da imposição de posturas corporais rígidas. Durante as aulas no nosso instituto, no entanto, os estudantes podem ser vistos deitados sobre as mesas, falando constantemente, comendo sem parar (ou até mesmo, em algumas ocasiões, fazendo refeições inteiras). A antiga segmentação disciplinar do tempo está se desfazendo. O regime carcerário disciplinar está sendo erodido pelas tecnologias de controle, com seus sistemas de consumo perpétuo e desenvolvimento contínuo.

O modo pelo qual o instituto é financiado o impede literalmente de expulsar alunos, mesmo se quisesse. Os recursos são alocados com base no quão bem sucedidos os institutos são em atingir suas metas de desempenho (medido pelos resultados dos exames), de frequência e de retenção de alunos. Esta combinação de imperativos de mercado com "metas" burocraticamente definidas é típica das iniciativas do "stalinismo de mercado", que passou a regular os serviços públicos. A falta de um sistema disciplinar efetivo não foi compensada, para dizer o mínimo, por um aumento na automotivação dos estudantes. Eles sabem que, mesmo se não comparecerem por semanas a fio, e/ou se não fizerem nenhum trabalho, não enfrentarão qualquer sanção significativa. Tipicamente respondem à essa liberdade, não buscando se engajar em projetos, mas caindo em uma letargia hedônica (ou anedônica): a narcose leve, a dieta fácil de esquecimento reconfortante – Playstation, TV a noite toda, e maconha.

Peça aos estudantes para que leiam mais que umas tantas linhas e muitos – mesmo estudantes com boas notas – irão protestar alegando que *não podem fazê-lo*. A reclamação mais frequente que professores ouvem é a de que é *entediante*. Mas o juízo sequer diz respeito ao conteúdo do que está escrito no material: é o ato da leitura em si que é tido como "entediante". Estamos lidando aqui não apenas com o torpor adolescente de sempre, mas com o desencontro entre uma "New Flesh"[20] pós--literária – que é "conectada demais para se concentrar" – e a lógica de confinamento e concentração dos sistemas disciplinares em decadência. Estar entediado significa apenas estar afastado da *matriz* comunicativa de sensação-estímulo das mensagens eletrônicas, do YouTube e do fast food; estar privado, por um momento que seja, do fluxo constante de gratificação açucarada sob demanda. Alguns estudantes querem Nietzsche da mesma maneira como querem um hambúrguer; sem enten-

---

[20] A "nova carne (humana)" é uma expressão usada por Max Renn, personagem de James Woods no clássico do gênero "body horror" *Videodrome* (1983), de David Cronenberg. Em oposição à "velha carne", a "nova carne" seria um estágio humano posterior, sexualmente hiperestimulado e diretamente incorporada aos meios de comunicação.

der – e a lógica do sistema de consumo estimula essa falha de compreensão – que o indigesto, a dificuldade, *é* Nietzsche.

Uma ilustração: certa vez, questionei um aluno sobre o porquê de ele sempre usar fones de ouvido em sala de aula. O aluno respondeu que não fazia diferença, porque não estava ouvindo música. Em outra aula, o mesmo aluno estava ouvindo música pelos fones de ouvido em um volume bem baixo, mas sem colocá-los nas orelhas. Quando o pedi para desligar, sua resposta foi a de que nem ele mesmo conseguia ouvir. Por que, então, usar fones de ouvido que não estão tocando música ou tocar música sem usar os fones de ouvido? Porque a presença dos fones nas orelhas ou a segurança de que a música está tocando (mesmo que tão baixa que você não possa ouvi-la) funciona como uma garantia de que a *matriz* ainda *está lá*, a fácil alcance. Além do mais, em um clássico exemplo de interpassividade, uma vez que a música continuasse tocando, ainda que baixa demais para ser ouvida, o próprio aparelho poderia aproveitá-la em seu lugar. O uso dos fones de ouvido é significativo aqui – o pop é experimentado não como algo que poderia ter impactos sobre o espaço público, mas como uma fuga em direção ao privado "ÉdIpod" [*OedIpod*] do prazer de consumo, uma parede contra o social.

A consequência de estar capturado na *matriz* de entretenimento é uma interpassividade ansiosa e agitada; uma inabilidade em concentrar-se ou manter o foco. A incapacidade dos alunos em ligar a falta de foco, no presente, com maus resultados no futuro, a incapacidade de sintetizar o tempo em qualquer tipo de narrativa coerente é sintomático de algo mais do que mera desmotivação – na verdade, lembra assustadoramente a análise de Jameson em *Pós-modernismo e sociedade de consumo*. Jameson observou que a teoria lacaniana acerca da esquizofrenia oferece um "modelo estético sugestivo" para compreender a fragmentação da subjetividade em face à emergência do complexo da indústria do entretenimento. "Com o colapso da cadeia significante", Jameson resume, "o esquizofrênico lacaniano é reduzido a uma experiência da materialidade pura dos significantes, ou, em outras palavras, a uma série de presentes atemporais, puros e desconectados"[21]. Jameson escreveu isso nos anos 1980 – ou seja, na época em que a maioria dos meus alunos estava nascendo. O que vemos hoje em sala de aula é uma geração que já nasceu nesta cultura pontilhada, a-histórica e anti-mnemônica – uma geração para a qual o tempo, desde sempre, veio cortado e embalado em micro fatias digitais.

Se a figura da sociedade da disciplina era do trabalhador/presidiário, a figura da sociedade do controle é a do endividado/viciado. O capital do ciberespaço opera viciando seus usuários. William Gibson já reconhecia isto em *Neuromancer*. No livro, Case e os outros cowboys ciberespaciais sentiam abstinência física (insetos rastejando sob a pele) quando desplugados da *matrix* (o uso de anfetamina por Case é claramente um substituto do vício em uma velocidade muito mais abstrata). Se algo como um transtorno de déficit de atenção e hiperatividade for uma patologia, então é uma patologia do capitalismo tardio – a consequência de se estar conectado aos circuitos de entretenimento-controle de uma cultura de consumo hipermediada. De modo semelhante, o que chamamos de dislexia pode em muitos casos consistir em uma *pós-lexia*: os adolescentes processam os dados imageticamente densos do capital com grande efetividade sem nenhuma necessidade de leitura – reconhecimento de slogans é o bastante para navegar no plano informacional de internet-celular-postagem. "A escrita nunca foi o forte do capitalismo. O capitalismo é profundamente iletrado", afirma-

---

[21] Jameson, Fredric. *Postmodernism and Consumer Society*, 1982.

ram Deleuze e Guattari no *Anti-Édipo*. "A linguagem eletrônica não passa pela voz ou pela escrita: o processamento de dados se dá perfeitamente sem ambas".[22] Daí a razão pela qual tantos empresários de sucesso são disléxicos (mas seria sua eficiência pós-lexical a causa ou o efeito de seu sucesso?).

Os professores se encontram hoje sob a intolerável pressão de mediar a subjetividade pós-letrada do consumidor no capitalismo tardio e as demandas do regime disciplinar (passar nos exames e coisas do tipo). Nesse sentido, longe de ser algo como uma torre de marfim a salvo do "mundo real", a educação é a sala de máquinas da reprodução da realidade social, onde se confrontam diretamente as inconsistências do campo social capitalista. Os professores estão presos na armadilha de serem ao mesmo tempo facilitadores/animadores de palco e autoritários/disciplinadores. Nós professores queremos ajudar os alunos a passarem nas provas; os alunos querem que sejamos figuras de autoridade que digam a eles o que fazer. Professores sendo interpelados por estudantes como figuras de autoridade exacerba o problema do "tédio" – qualquer coisa que vem de um lugar de autoridade não é *a priori* entediante? Ironicamente, o papel do disciplinador é exigido do educador mais do que nunca, exatamente no momento em que a estrutura disciplinar está ruindo dentro das instituições. Com famílias espremidas sob a pressão de um capitalismo que exige que ambos os pais trabalhem por dinheiro, os professores estão sendo cada vez mais pressionados a ocupar esse papel, propondo os protocolos de conduta mais básicos para os estudantes e provendo apoio emocional e pastoral aos adolescentes que, em alguns casos, são minimamente socializados.

---

[22] Deleuze, Gilles e Guatarri, Félix. *O Anti-Édipo: capitalismo e esquizofrenia*. (1972).

Vale enfatizar que nenhum dos meus estudantes tinha qualquer obrigação legal de estar em sala de aula. De fato, poderiam sair a hora que quisessem. Mas a ausência completa de oportunidades significativas de trabalho, somada ao encorajamento cínico vindo do governo, significava que permanecer na instituição seria a opção mais fácil e segura. Deleuze diz que sociedades de controle são baseadas mais na dívida do que no aprisionamento; mas há um sentido no qual o sistema educacional atual, ao mesmo tempo, endivida e aprisiona os estudantes. Pague pela sua própria exploração é no que insiste essa lógica – fique endividado para que no final você acabe no mesmo McEmprego que teria caso tivesse largado a escola aos dezesseis...

Jameson observou que, "de repente, o colapso da temporalidade libera o presente do tempo de todas as atividades e intencionalidades que poderiam focá-lo e torná-lo um espaço da práxis".[23] Mas a nostalgia pelo contexto em que os velhos tipos de práxis podiam operar é simplesmente inútil. Essa é a razão pela qual os estudantes franceses, no final das contas, não constituem uma alternativa real à impotência reflexiva inglesa. Que a revista neoliberal *The Economist* ridicularizaria a oposição francesa ao capitalismo não se trata de nenhuma surpresa, mas ainda assim, a zombaria da "imobilização" francesa tem um elemento de verdade. "Com certeza os estudantes que iniciaram os protestos recentes pareciam achar que reencenavam os eventos de Maio de 1968, lançado por seus pais contra Charles de Gaulle", dizia seu artigo de capa, em 30 de março de 2006:

---

[23] Jameson, Fredric. *Postmodernism, or, The cultural logic of late capitalism*, 1991.

Pegaram emprestado até os slogans ("Sob os paralelepípedos, a praia!") e sequestraram seus símbolos (a universidade Sorbonne). Neste sentido, a revolta parece ser a sequência natural aos protestos nas periferias de 2005, que levou o governo a impor o estado de emergência. Aí foram os jovens desempregados, imigrantes das classes baixas, que se rebelavam contra um sistema que os excluía. De outro lado, o traço mais marcante dos últimos protestos é que desta vez as forças rebeldes estavam do lado do conservadorismo. Diferentemente das juventudes revoltosas nos *banlieues* [bairros da periferia francesa], o objetivo dos estudantes e dos sindicatos de servidores públicos que os acompanharam era impedir a mudança, e manter a França como está.[24]

É impressionante como a prática de muitos destes "imobilizadores" é um tipo de inversão de um outro grupo, que também se proclama como herdeiros de 68: os chamados "comunistas liberais", como George Soros e Bill Gates, que combinam a busca predatória por lucro com a retórica de preocupação ecológica e responsabilidade social. Junto com suas preocupações sociais, esses assim chamados comunistas liberais acreditam que as práticas trabalhistas devem ser (pós-) modernizadas, em linha com o conceito de "ser *smart*". Como explica Žižek:

> Ser "esperto" significa ser dinâmico e nômade, é ser contra a burocracia centralizada; é acreditar no diálogo e na cooperação, contra a autoridade central; na flexibilidade contra a rotina; na cultura e no conhecimento contra a produção industrial; na interação espontânea e na autopoiese contra a hierarquia fixa.[25]

---

[24] "France faces the future", *The Economist*, publicado em de 30 de março de 2006.

[25] Žižek, Slavoj. *Violence: six sideways reflections*, 2008.

Tomados em conjunto, os imobilizadores, por um lado, com suas concessões implícitas de que se pode resistir ao capitalismo (nunca superá-lo), e os comunistas liberais, por outro, que sustentam que os excessos amorais do capitalismo devem ser compensados com a caridade, dão uma ideia do modo como o realismo capitalista circunscreve as possibilidades políticas atuais. Enquanto os imobilizadores retém a forma estilística dos protestos de 1968, mas em nome da resistência à mudança, os "comunistas liberais" abraçam entusiasmadamente a inovação. Žižek está correto ao afirmar que, longe de constituir qualquer modo de correção progressista à ideologia capitalista oficial, o "comunismo liberal" constitui a ideologia dominante do capitalismo de hoje em dia. "Flexibilidade", "nomadismo" e "espontaneidade" são as características essenciais do gerenciamento nas sociedades (pós-fordistas) de controle. Mas o problema é que qualquer oposição à flexibilidade e à descentralização dificilmente será, para dizer o mínimo, muito excitante.

Seja como for, a resistência ao "novo" não pode, ou deve, ser o ponto central da mobilização da esquerda hoje. O capital foi muito astuto e cuidadoso em seu empenho de esfacelar o trabalho organizado; porém, ainda não há acúmulo de pensamento o suficiente sobre quais táticas irão funcionar contra o capital em condições pós-fordistas, e que *nova linguagem* pode ser inventada para lidar com tais condições. É importante contestar a apropriação capitalista do "novo", mas reivindicar o "novo" não pode ser confundido com uma adaptação às condições em que nós nos encontramos – já nos adaptamos bem demais. De fato, a busca por uma "adaptação de sucesso" é a estratégia por excelência do gerencialismo.

A associação incessante entre neoliberalismo e a ideia de "restauração", uma vinculação conceitual que tanto Badiou quanto David Harvey promoveram, é uma correção importante contra a associação do capital com a novidade. Para Harvey e Badiou, a política neoliberal não tem a ver com o novo, mas sim com o *retorno* ao poder de classe e ao privilégio de classe. Na França, diz Badiou, "'restauração' se refere ao período do retorno do Rei em 1815, depois da revolução e de Napoleão. Nós estamos neste período. Hoje vemos o capitalismo liberal e seu sistema político, o parlamentarismo, como a única solução natural e aceitável".[26] Harvey argumenta que a neoliberalização é melhor concebida como um "um projeto *político* de restabelecimento das condições da acumulação do capital e de restauração do poder das elites econômicas",[27] e demonstra que, em uma época frequentemente descrita como "pós-política", a guerra de classes ainda continua sendo travada, mas apenas por um lado: o dos ricos. "Depois da implementação das políticas neoliberais no final dos anos 1970", revela Harvey:

> A parcela da renda nacional do 1% mais rico dos Estados Unidos disparou, chegando a 15%, perto do final do século. O 1% mais rico dos Estados Unidos aumentou sua parcela da renda nacional de 2%, em 1978, para mais de 6% por volta de 1999, enquanto a proporção entre a compensação mediana dos trabalhadores e o salário dos CEOs (Chief Executive Officer) passou de apenas 30 para 1, em 1970, a quase 500 para 1 por volta de 2000. [...] Os Estados Unidos não estão sozinhos nisso. O 1% mais rico da Grã-Bretanha dobrou sua parcela da renda nacional a partir de 1982: de 6,5% a 13%.[28]

---

[26] Cox, Christoph; Whalen, Molly; Badiou, Alain. "On evil: an interview with Alain Badiou" em *Cabinet Magazine*, 2001-2002.

[27] Harvey, David. *O neoliberalismo: história e implicações*. São Paulo: Edições Loyola, 2008.

[28] Idem.

Como mostra Harvey, os neoliberais foram mais leninistas do que os leninistas: souberam criar e disseminar *think tanks* que formaram a vanguarda intelectual capaz de criar um clima ideológico em que o realismo capitalista pudesse florescer.

O modelo imobilizador – que consiste na demanda da manutenção do regime fordista/disciplinar – não pode funcionar na Inglaterra ou em outros países dominados pelo neoliberalismo. No Reino Unido, o fordismo definitivamente colapsou, e levou junto os lugares e as práticas que organizam a antiga maneira de fazer política. No final de seu ensaio sobre a sociedade de controle, Deleuze especula sobre as novas formas que uma política anticontrole poderia assumir:

> Uma das questões mais importantes diria respeito à inaptidão dos sindicatos: ligados, por toda sua história, à luta contra disciplinas ou nos meios de confinamento, conseguirão adaptar-se ou cederão o lugar a novas formas de resistência contra as sociedades de controle? Será que já se pode apreender esboços dessas formas por vir, capazes de combater as alegrias do marketing? Muitos jovens pedem estranhamente para serem "motivados", e solicitam novos estágios e formação permanente; cabe a eles descobrir a que estão sendo levados a servir, assim como seus antecessores descobriram, não sem dor, a finalidade das disciplinas. Os anéis de uma serpente são ainda mais complicados que os buracos de uma toupeira.[29]

O que é preciso descobrir é um modo de sair do par de opostos binário da motivação/desmotivação, de maneira que a desidentificação em relação ao programa de controle possa ser algo diferente da apatia abatida. Uma estratégia seria alterar o terreno

---

[29] Deleuze, Gilles. "Post-scriptum sobre as sociedades de controle", em *Conversações: 1972-1990*. Rio de Janeiro: Editora 34, 1992.

político – mover-se para além do foco tradicional dos sindicatos nos salários em direção às formas de mal-estar específicas do pós-fordismo. Mas antes de seguirmos nesta análise, devemos considerar com maior profundidade o que o pós-fordismo realmente é.

6 de outubro de 1979: "não se apegue a nada"

"Um cara me disse um vez", conta o chefão do crime organizado Neil McCauley em *Fogo contra fogo*, filme de 1995, dirigido por Michael Mann, "não se apegue a nada que você não possa largar em trinta segundos ao sentir que a chapa está esquentando". Uma das maneiras mais fáceis de perceber as diferenças entre o fordismo e o pós-fordismo é comparar o filme de Mann com os filmes de gangsteres feitos por Francis Ford Coppola e Martin Scorsese entre 1971 e 1990. Em *Fogo contra fogo*, as atividades criminosas não são mais conduzidas por famílias tradicionais apegadas à "terra dos antepassados", mas por bandos desenraizados, em uma Los Angeles de metal cromado, cozinhas de grife e estética "multiuso", de rodovias e restaurantes 24 horas. Todos os idioletos culturais – as colorações locais e aromas típicos – dos quais dependiam filmes como *O poderoso chefão* e *Os bons companheiros* foram dissolvidos e reconfigurados. A Los Angeles de *Fogo contra fogo* é a de um mundo sem marcos, um labirinto de logomarcas, onde os limites territoriais foram substituídos por um cenário indefinidamente repetitivo de franquias idênticas. Os fantasmas da velha Europa que assombravam as ruas de Scorsese e Coppola foram exorcizados e enterrados, junto com suas desavenças ancestrais e suas vinganças banhadas em fogo e sangue, embaixo de algum toldo de uma rede multinacional qualquer de café. Pode-se aprender muito, inclusive, sobre o mundo de *Fogo contra fogo* pelo próprio nome do protagonista "Neil McCauley": um nome anônimo, digno de passaporte falso, completamente desprovido de história (ainda que, ironicamente, ecoe o nome do historiador britânico Lord

McCaulay). Compare com "Corleone", o chefão batizado com o nome de um vilarejo. McCauley é talvez o papel de De Niro que mais se aproxima de sua personalidade: um quadro em branco, uma incógnita, friamente profissional, pura preparação, pesquisa, método ("faço o que eu faço de melhor"). McCauley não é o grande mafioso à moda antiga, um chefão cheio de pompa alçado ao topo de uma hierarquia barroca regida por códigos tão solenes e misteriosos quanto os da Igreja Católica, e escritos com o sangue de milhares de disputas. Seu bando é composto por profissionais, especuladores-empreendedores pragmáticos, técnicos do crime cujo credo é o exato oposto da lealdade familiar típica da Cosa Nostra. Laços de família são insustentáveis em tais condições, conforme McCauley relata ao obstinado detetive Vincent Hanna, personagem de Pacino: "se você vai colar em mim e se mudar quando eu me mudar, como vai conseguir manter um casamento?". Hanna é a sombra de McCauley, forçado a assumir sua insubstancialidade, sua mobilidade perpétua. Como qualquer grupo de acionistas, o bando de McCauley mantém-se coeso através da perspectiva de futuros dividendos; quaisquer outros vínculos são opcionais (e, quase certamente, perigosos). É um arranjo temporário, pragmático e lateral – sabem que são peças intercambiáveis de um maquinário, que não há garantias, que nada é permanente. Comparados a isso, os velhos "bons companheiros" mais parecem um bando sentimentalista sedentário, enraizados em comunidades moribundas, territórios condenados.

O *ethos* abraçado por McCaulay não é outro senão aquele examinado por Richard Sennett em *A corrosão do caráter: consequências pessoais do trabalho no novo capitalismo,* um estudo fundamental sobre as mudanças afetivas que a reorganização pós-fordista do trabalho traz à tona. O slogan que resume essas novas condições é "não há longo prazo". Enquanto anteriormente os trabalhadores podiam aprender um único conjunto de habilidades com a expectativa de assim galgar posições em uma rígida hierarquia organizacional, agora se espera que periodicamente adquiram novas habilidades enquanto pulam de posto em posto, vagando de empresa em empresa. À medida que a organização do trabalho é descentralizada, com redes horizontais tomando o lugar de uma pirâmide hierárquica, atribui-se cada vez mais valor à "flexibilidade". Ecoando a piada de McCauley a Hanna em *Fogo contra fogo* ("como é que você vai conseguir manter um casamento?"), Sennett chama atenção para as pressões que essas condições de permanente instabilidade impõem à vida familiar. Os valores dos quais esse tipo de vida depende – confiança, compromisso, o cumprimento do dever – são precisamente aqueles considerados obsoletos no novo capitalismo. Ao mesmo tempo, com a esfera pública sob ataque e a rede de proteção do "Estado paternalista" sendo desmontada, a família se torna um importante refúgio das pressões de um mundo no qual a instabilidade é uma constante. A situação da família no capitalismo pós-fordista é contraditória na exata medida tal como o marxismo tradicional havia previsto: o capitalismo precisa da família (como uma ferramenta essencial de cuidado e reprodução da mão-de-obra; um bálsamo para as feridas psíquicas infligidas pela anarquia das condições socioeconômicas), ao mesmo tempo em que a sabota (negando aos pais a possibilidade de passar mais tempo com os filhos; impondo um estresse intolerável aos casais na medida em que eles se tornam a fonte exclusiva de consolo afetivo um para com o outro).

De acordo com o economista marxista Christian Marazzi, pode-se conceder uma data bem específica para a mudança do fordismo para o pós-fordismo: 6 de outubro de 1979. Foi nessa data que o FED, banco central dos Estados Unidos, aumentou a taxa de juros em 20 pontos, preparando terreno para a economia centrada na oferta [*supply-side economics*], que hoje constitui a "realidade econômica" na qual estamos imersos. O aumento serviu não só para conter a inflação, mas também possibilitou uma nova organização dos meios de produção e distribuição. A rigidez da linha de produção fordista deu espaço a uma nova "flexibilização", um termo de dar calafrios na espinha de qualquer trabalhador hoje em dia. Essa flexibilização foi definida por uma desregulamentação do capital e do trabalho, com a força de trabalho sendo precarizada, "casualizada"[30] (um aumento no número de trabalhadores empregados em regime temporário) e terceirizada.

Assim como Sennett, Marazzi reconhece que as novas condições tanto emergiram de uma crescente cibernetização do ambiente de trabalho quanto a exigem. A fábrica fordista era cruelmente dividida entre trabalhadores de colarinho azul (trabalhadores manuais) e colarinho branco, com os diferentes tipos de trabalho delimitados na própria estrutura física do prédio. Ao trabalhar em ambientes barulhentos, supervisionados por dirigentes e administradores, os funcionários apenas tinham acesso à linguagem nos intervalos, nos banheiros, ao final do expediente, ou quando se envolviam em sabotagem – uma vez que a comunicação interrompia a produção. Mas na era pós-fordista, quando a linha de montagem transforma-se em "fluxo de informação", é comunicando que se trabalha. Conforme ensina Norbert Wiener, comunicação e controle se envolvem mutuamente.

Trabalho e vida tornam-se inseparáveis. O capital te acompanha até nos sonhos. O tempo para de ser linear, torna-se caótico, fragmentado em divisões puntiformes. Na medida em que a produção e a distribuição são reestruturadas, também é

---

[30] N. da E.: no original *casualized*, que tem como significado a mudança de contratos de trabalhos regulares para prestações ocasionais de serviços e contratos temporários de curta duração.

reestruturado o sistema nervoso. Para funcionar com eficiência como um componente do modo de produção *just-in-time* [por demanda], é necessário desenvolver uma capacidade de responder a eventos imprevisíveis, é preciso aprender a viver em condições de total instabilidade, de "precariedade", para usar um neologismo horroroso. Períodos de trabalho alternam-se com dias de desemprego. De repente, você se vê preso em uma série de empregos de curto prazo, impossibilitado de planejar o futuro.

Tanto Marazzi quanto Sennett assinalam que a desintegração dos padrões estáveis de trabalho se deu, em grande medida, pelo desejo dos próprios trabalhadores – foram os trabalhadores que, com toda razão, não quiseram mais trabalhar na mesma fábrica por quarenta anos. De diversas maneiras, a esquerda nunca se recuperou da rasteira que o capital lhe passou ao mobilizar e metabolizar o desejo de emancipação frente à rotina fordista. Especialmente em países como o Reino Unido, as representações tradicionais da classe trabalhadora – sindicatos e lideranças operárias – encontravam no fordismo grande conveniência; ao estabilizar o antagonismo, o fordismo reservava à direção sindical um papel garantido. Mas isso fez com que fosse fácil para os porta-vozes do capital pós-fordista se apresentarem como oposição ao *status quo*, bravamente resistindo contra a inércia do trabalho organizado, despropositadamente investido em um infrutífero antagonismo ideológico que serviria apenas aos propósitos dos líderes sindicais e dos políticos, mas que faziam muito pouco para satisfazer os anseios da classe que supostamente deviam representar. O antagonismo agora já não está mais localizado externamente, no embate entre blocos de classes, mas internamente, na psicologia do trabalhador, que, como trabalhador, está interessado no conflito de classes à moda antiga, mas que, sendo acionista de um fundo de pensão, está também interessado em maximizar os ganhos de seus investimentos. Não há mais um inimigo externo identificável. Como consequência, Marazzi argumenta que os trabalhadores pós-fordistas são como o povo judeu do Antigo Testamento, logo após terem deixado a "casa da escravidão": libertos de uma sujeição à qual não querem mais retornar, mas também abandonados, perdidos no deserto, confusos quanto ao caminho a seguir.

Esse conflito psicológico furioso, interno ao indivíduo, não poderia deixar de produzir suas baixas. Marazzi pesquisa as conexões entre o aumento da bipolaridade e o contexto do pós-fordismo. Se a esquizofrenia, conforme afirmam Deleuze e Guattari, é a condição que demarca os limites exteriores do capitalismo, o transtorno bipolar é a patologia mental própria ao "interior" do capitalismo. Com seus incessáveis ciclos de euforia e depressão, o capitalismo é, em si, fundamental e irredutivelmente bipolar, oscilando entre a excitação maníaca incontrolada (a exuberância irracional das "bolhas") e quedas depressivas (o termo "depressão econômica" não é à toa). O capitalismo alimenta e reproduz as oscilações de humor da população em um nível nunca antes visto em outro sistema social. Sem delírio e uma boa dose de confiança cega, o capital não poderia funcionar.

Parece que com o pós-fordismo a "praga invisível" de desordens psiquiátricas e afetivas que tem se alastrado, silenciosa e furtivamente, desde mais ou menos 1750 (ou seja, o início do capitalismo industrial), encontrou um novo ponto de agudização. Aqui o trabalho de Oliver James é particularmente relevante. Em *The selfish capitalist*, James aponta para significativos aumentos nos índices de "transtornos psíquicos" ao longo de 25 anos e informa que segundo a maior parte dos critérios, as taxas de transtornos tiveram um aumento de quase 100% entre os nascidos em 1946 (trinta e seis anos em 1982) e 1970 (trinta anos em 2000). Por exemplo: enquanto 16% das mulheres de trinta e seis anos em 1982 reportaram "problemas com os nervos, tristeza ou depressão", em 2000 essa taxa era de 29% entre aquelas com trinta anos (nos homens, os dados foram de 8% em 1982 e 13% em 2000).[31]

Outro estudo britânico citado por James compara níveis de morbidades psiquiátricas (termo que engloba depressão, fobia e sintomas neuróticos) em pesquisas realizadas entre 1977 e 1985. "Enquanto em 1977 os casos eram reportados por 22% dos entrevistados, em 1986 esse número subiu para 31%, quase um terço da população". Uma vez que essas taxas são muito maiores em países que implementaram o que James chama de capitalismo "egoísta" do que em outras nações capitalistas, a hipótese levantada pelo autor é a de que as políticas e a cultura do capitalismo egoísta (isso é, neoliberalizado) seriam culpadas pelo fenômeno. Em particular, James atenta para a forma como o capitalismo egoísta infla

> tanto as aspirações, quanto as expectativas de que elas possam se cumprir. (...) Na fantasia da sociedade empreendedora, fomenta-se a ilusão de que qualquer um pode ser Alan Sugar ou Bill Gates, independente do fato de que a probabilidade real de algo assim ocorrer tem diminuído desde a década de 1970 – uma pessoa nascida em 1958 tinha muito mais chances de ascender na escala social (através da educação, por exemplo) do que uma nascida em 1970. Das toxinas do Capitalismo Egoísta, aquelas mais nocivas ao bem-estar são as que sistematicamente encorajam a ideia de

---

[31] James, Oliver. *The selfish capitalist: origins of affluenza*, 2008.

que abundância material é a chave para a realização, que apenas os ricos são vencedores e que o acesso ao topo está aberto para qualquer um disposto a trabalhar duro, não levando em conta o ambiente familiar, étnico ou social – se você não for bem sucedido, o único que pode ser culpado é você mesmo.[32]

As suspeitas de James sobre aspirações, expectativas e fantasias adequam-se às minhas observações do que tenho chamado "hedonia depressiva" na juventude britânica.

É revelador que, nesse contexto de crescentes taxas de doenças mentais, o "Novo Trabalhismo" [de Tony Blair], tenha se comprometido, para seu terceiro mandato, a remover pessoas do auxílio-doença, insinuando que muitos, senão a maioria, dos seus beneficiários são fraudadores. Não seria ilógico, entretanto, concluir que a maioria daqueles que o solicitam – e se trata de mais de dois milhões de pessoas – são, na verdade, vítimas do capital. Uma parte significativa dos requerentes, por exemplo, são indivíduos transtornados psicologicamente pela insistência realista capitalista de que setores industriais inteiros, como a exploração das minas, não são mais economicamente viáveis (mesmo se considerado em termos brutalmente econômicos, os argumentos sobre a "viabilidade" são pouco convincentes, ainda mais se levarmos em conta o custo para os contribuintes das pensões por incapacidade e benefícios similares). Muitas estruturas (psíquicas, inclusive) colapsaram diante das condições terrivelmente instáveis do pós-fordismo.

A ontologia hoje dominante nega a possibilidade de que enfermidades psicológicas tenham uma possível origem de natureza social. Obviamente, a "bio-quimicalização" dos distúrbios mentais é estritamente proporcional à sua despolitização.

---

[32] Idem.

Considerá-los um problema químico e biológico individual é uma vantagem enorme para o capitalismo. Primeiramente, isso reforça a característica do próprio sistema em direcionar seus impulsos a uma individualização exacerbada (se você não está bem, é por conta das reações químicas do seu cérebro). Em segundo lugar, cria um mercado enormemente lucrativo para multinacionais farmacêuticas desovarem seus produtos (podemos te curar com nossos inibidores seletivos de recaptação de serotonina). É óbvio que toda doença mental tem uma *instanciação* neurológica, mas isso não diz nada sobre a sua *causa*. Se é verdade que a depressão é constituída por baixos níveis de serotonina, o que ainda resta a ser explicado são as razões pelas quais indivíduos em específico apresentam tais níveis, o que requereria uma explicação político-social. A tarefa de repolitizar a saúde mental é urgente se a esquerda deseja desafiar o realismo capitalista.

O fato de encontrarmos paralelos entre o crescimento de transtornos mentais e os novos padrões de avaliação de desempenho no trabalho não nos surpreende. É sobre essa questão da "nova burocracia" que nos deteremos a seguir.

Tudo que é sólido se desmancha em relações públicas: stalinismo de mercado e antiprodução burocrática

O injustamente subestimado *Como enlouquecer seu chefe* (1999), filme dirigido por Mike Judge, é uma primorosa exposição do ambiente de trabalho nas décadas de 1990 e 2000, assim como *Vivendo na corda bamba* (1978), de Paul Schrader, que descreve o mesmo nos anos 1970. Ao invés do confronto entre sindicalistas e gerência nas fábricas, o filme de Judge mostra uma corporação esclerosada em sua "antiprodução" administrativa: como, por exemplo, quando empregados recebem múltiplos memorandos de diferentes gerentes que comunicam exatamente a mesma coisa. Obviamente, o memorando diz respeito a uma prática burocrática: busca gerar aceitação à nova política da empresa de colocar "capinha" nos relatórios. Em sintonia com o *ethos* do "ser *smart*" contemporâneo, o estilo de gestão mostrado em *Como enlouquecer o seu chefe* é uma mistura de informalidade casual e autoritarismo silencioso. Judge mostra que esse mesmo gerencialismo reina na franquia de café que os empregados frequentam para relaxar. Lá, exige-se que cada funcionário customize os uniformes com "sete peças pessoais" (broches, adereços, remendos e coisas do tipo), como forma de expressar sua "individualidade e criatividade": uma demonstração contundente da maneira com que "criatividade" e "expressão pessoal" tornaram-se, na sociedade de controle, algo intrínseco às atividades de trabalho.

Conforme alertaram autores como Paolo Virno, Yann Moulier Boutang e outros, hoje em dia os trabalhadores recebem demandas não só produtivas, mas também afetivas. É particularmente reveladora sobre esses novos arranjos do trabalho a tentativa de quantificar grosseiramente essas contribuições subjetivas. O exemplo dos adereços dos empregados aponta para outro fenômeno: as expectativas ocultas por trás das normas oficiais. Joanna, uma garçonete da cafeteria, coloca em sua roupa as exatas sete peças pessoais, mas é advertida que, apesar de sete ser *oficialmente* o bastante é, *na verdade*, uma meta a ser superada – ou seria ela uma funcionária que "só faz o indispensável"?

— Quer saber, Stan? Se você quer que eu use 37 peças, por que não me pede pra usar 37 e pronto? – Joanna reclama.

— Bem – responde o gerente – lembro de tê-la escutado dizendo que gostaria de expressar mais sua individualidade.

O bastante não é mais o suficiente. Eis aí uma síndrome familiar aos trabalhadores que acabam descobrindo que receber um "satisfatório" em uma avaliação de rendimento já não é mais satisfatório. Em diversas instituições de ensino, por exemplo, se um docente recebe esta nota, por certo será obrigado a realizar um curso de aperfeiçoamento antes da próxima avaliação.

O fato que medidas burocráticas tenham se *intensificado* sob governos neoliberais que se apresentam como antiburocráticos e antiestalinistas pode, a princípio, parecer um mistério. No entanto, viu-se, na prática, proliferar uma nova forma de burocracia – uma burocracia dos "objetivos", dos "resultados esperados", das "declarações de princípio" – ao mesmo tempo em que ganha força a retórica neoliberal sobre o fim do comando vertical e centralizado. Pode parecer que essa volta da burocracia é algo assim como um retorno do reprimido, ironicamente reemergindo no coração de um sistema que jurou destrui-lo. Mas seu triunfo no neoliberalismo é bem mais que um atavismo ou uma anomalia.

Como indiquei anteriormente, não há contradição entre o "ser *smart*" e o aumento da administração e regulação: são duas faces do trabalho na sociedade de controle. Richard Sennett argumenta que o "achatamento" da hierarquia piramidal gerou, de fato, uma maior vigilância sobre os trabalhadores. "Uma das afirmações em defesa da nova organização do trabalho é que ela descentralizaria o poder, isto é, permitiria às categorias inferiores maior controle sobre as próprias atividades"[33], escreve Sennett. "Certamente trata-se de uma ideia falsa, em função das técnicas utilizadas para dispersar os velhos dinossauros da burocracia. Os novos sistemas de informação fornecem um amplo panorama organizacional aos administradores de alto escalão, dando aos indivíduos – em qualquer lugar que estejam nessa rede – pouco espaço para se esconder".[34] A questão é que tecnologia da informação não foi a única coisa que garantiu aos gerentes melhor acesso aos dados: a própria quantidade de dados aumentou explosivamente. E muita dessa "informação" é produzida pelos próprios trabalhadores. Massimo De Angelis e David Harvie descrevem algumas das medidas burocráticas que um docente do ensino superior deve cumprir ao ministrar um módulo inicial em instituições do Reino Unido.

> Para cada módulo o líder de módulo (quer dizer, o professor) deve preencher diversos formulários, em particular a "especificação do módulo" (já no início do curso) na qual consta, dentre outros itens, "objetivos e metas", "resultados esperados ao longo do processo de aprendizagem" e "métodos de avaliação", entre outras informações; após o curso, em uma "revisão do módulo", avalia-se os pontos fortes e fracos do período, com sugestões para o ano

[33] Sennet, Richard. *The corrosion of character: the personal consequences of work in the new capitalism*, 1998.
[34] Idem.

seguinte; segue-se um resumo do *feedback* por parte dos estudantes, a média geral do desempenho da sala e a taxa de evasão.[35]

E isso é só o começo. Ao avançar para o programa completo, o docente deverá entregar não apenas a especificação, mas também relatórios anuais contendo "taxas de aprovação", "taxas de abandono", e um mapa de notas baseado em uma tabela de conceitos. Esse sistema de autovigilância é complementado pelas avaliações efetuadas por autoridades externas. O rendimento dos alunos é monitorado pelos "avaliadores externos", que supostamente devem manter a consistência e padronização de todo o setor universitário. Os professores devem ser observados por seus pares, enquanto os departamentos são submetidos a avaliações periódicas da Agência de Garantia de Qualidade da Educação Superior.[36] Caso também conduzam pesquisas, a cada quatro ou cinco anos os docentes devem submeter suas "quatro melhores publicações" para apreciação dos participantes do Exercício de Avaliação de Pesquisa[37] (substituído em 2008 pelo igualmente controverso Quadro de Excelência de Pesquisa).[38] De Angelis e Harvie deixam claro que essas são apenas descrições rápidas de algumas das muitas tarefas burocráticas que acadêmicos são obrigados a realizar; todas elas decisivas, por exemplo, para a captação de recursos. E de forma alguma toda essa bateria de procedimentos burocráticos é limitada apenas à vida universitária ou ao setor da educação: outros serviços

---

[35] De Angelis, Massimo e Harvie, David. "'Cognitive capitalism' and the rat-race: how capital measures immaterial labour in british universities". Em *Historical Materialism* 17. Brill, 2009.

[36] N. da E.: Quality Assurance Agency for Higher Education (QAA).

[37] N. da E.: Research Assessment Exercise.

[38] N. da E.: Research Excellence Framework.

públicos, da saúde à força policial, encontram-se enredados por metástases burocráticas do tipo.

Isso é, em parte, a consequência da resistência inerente de certos processos e serviços à mercadorização[39] (aliás, a própria tentativa de tratar a educação como um sistema orientado para o mercado sustenta-se em uma analogia confusa ainda pouco desenvolvida: seriam alunos *consumidores* de um serviço ou seu próprio *produto*?). Em sua forma idealizada, o mercado supostamente deveria garantir trocas "sem atrito", por meio das quais os desejos dos consumidores seriam diretamente saciados sem a necessidade de intervenção ou mediação de agências reguladoras. No entanto, a insistência em avaliar o desempenho dos trabalhadores, e mensurar formas de trabalho que são por natureza refratárias à quantificação, inevitavelmente acabou por gerar novas camadas de burocracia e gerenciamento. O que temos não é uma comparação direta dos rendimentos ou desempenhos dos trabalhadores, mas sim uma comparação entre *representações* auditadas de desempenho ou rendimento. É inevitável assim que ocorra um curto-circuito: o trabalho passa a ser orientado para a geração (e manipulação) das representações mais do que para os objetivos oficiais do próprio trabalho. De fato, um estudo antropológico sobre a administração local no Reino Unido identificou que "mais esforço é feito para assegurar que os serviços oferecidos por uma autoridade local sejam representados corretamente do que para melhorar concretamente tais serviços". Essa inversão de prioridades é um dos

---

[39] N. da E.: no original *marketization*. O termo se refere a um processo de reestruturação que permite que as empresas estatais operem como empresas orientadas para o mercado, alterando o ambiente legal em que operam. Isso é alcançado através da redução de subsídios estatais, reestruturação organizacional da administração (corporatização), descentralização e, em alguns casos, privatização parcial.

principais sintomas do que, sem exagero algum, pode ser caracterizado como "stalinismo de mercado". O que o capitalismo tardio repete do stalinismo é justamente a valorização dos símbolos do resultado, em detrimento do resultado efetivo. Como explicou Marshall Berman ao descrever o projeto do canal entre o Mar Branco e o Mar Báltico que Stalin iniciou em 1931:

> Stalin empenhou-se em criar um símbolo tão visível de desenvolvimento que distorceu e amputou o projeto a ponto de retardar a realidade desse mesmo desenvolvimento. Por isso, operários e engenheiros jamais tiveram o tempo, o dinheiro e o equipamento necessários para construir um canal fundo e seguro o suficiente para o tráfego das modernas embarcações do século xx; em conseqüência, o canal nunca chegou a desempenhar um papel relevante no comércio e na indústria soviéticos. Tudo o que o canal pôde acolher, aparentemente, foram barcaças turísticas, que nos anos 30 singravam suas águas, repletas de escritores soviéticos e estrangeiros forçados a proclamar as glórias da obra. O canal foi um triunfo de publicidade; todavia, se metade do empenho despendido na campanha de relações públicas tivesse sido empregado no trabalho propriamente dito, teria havido muito menos vítimas e muito mais desenvolvimento real – e o projeto teria sido uma genuína tragédia, não uma farsa brutal em que pessoas de verdade foram mortas por pseudo-eventos.[40]

Em uma esquisita espécie de compulsão à repetição, o governo do Novo Trabalhismo de Tony Blair, ostensivamente antiestalinista e neoliberal, mostrou a mesma tendência a implementar iniciativas cujos efeitos reais no mundo importam apenas na medida em que se registrem bem no nível das aparências (e re-

---

[40] Berman, Marshall. *Tudo o que é sólido desmancha no ar: a aventura da modernidade*. São Paulo: Companhia das letras, 1986.

lações públicas). As notórias "metas" que o Novo Trabalhismo entusiasmadamente procurou impor são um caso para análise. Em um processo que se repete com previsibilidade quase científica, onde quer que seja implementado, as metas rapidamente deixam de ser um meio para avaliar a performance e tornam-se a finalidade em si. A ansiedade em torno da queda no desempenho escolar agora está presente até nas férias. E, no entanto, se os estudantes de hoje em dia se mostram menos preparados e cultos em comparação a seus predecessores, isso não se dá por conta de um declínio na qualidade dos exames *per se*, mas sim ao fato de que na atualidade todo o ensino está orientado a cumprir quantitativamente as metas. A obsessão estreita em pontuar nos exames substitui um engajamento mais amplo com as matérias ensinadas. De modo análogo, hospitais priorizam levar a cabo um grande número de procedimentos de rotina, em detrimento, por exemplo, das cirurgias sérias e urgentes, pois assim pontuam mais nos critérios pelos quais são avaliados (quantidade de operações, taxas de sucesso e redução no tempo de espera).

Seria um equívoco considerar esse stalinismo de mercado como um desvio do "verdadeiro espírito" do capitalismo. Ao contrário, é mais correto dizer que uma dimensão essencial do stalinismo foi inibida por estar associada ao projeto político do socialismo, podendo *apenas* emergir plenamente na cultura do capitalismo tardio, na qual as representações adquirem uma força autônoma. O modo como o valor é gerado no mercado de ações depende menos do que uma empresa "realmente faz", e muito mais das percepções, e expectativas, sobre sua performance (futura). No capitalismo, por assim dizer, tudo o que é sólido se desmancha em relações públicas[41], e essa onipresen-

---

[41] N. da T.: Fisher faz referência à frase célebre do *Manifesto*

te tendência à produção orientada às relações públicas é uma característica definidora do capitalismo tardio tanto quanto a imposição de mecanismos de mercado.

Nesse ponto, a elaboração que faz Žižek acerca do "grande Outro" lacaniano é de crucial importância. O grande Outro é a ficção coletiva, a estrutura simbólica pressuposta em todo campo social. O grande Outro nunca é encontrado diretamente: nos confrontamos apenas com seus representantes (que nem sempre são figuras de autoridade). No exemplo do canal do Mar Branco, não era Stalin quem atuava como representante do grande Outro; esse papel era muito mais dos escritores locais e estrangeiros cujo papel era persuadir a todos da glória do projeto. Uma importante dimensão do grande Outro é que ele não é onisciente; e é essa ignorância constitutiva que permite que as relações públicas funcionem. De fato, é possível definir o grande Outro como o consumidor de toda as relações públicas e propaganda, a figura virtual à qual se requer que acredite no que nenhum indivíduo poderia acreditar. Para usar um dos exemplos de Žižek: quem é que não sabia que o "socialismo realmente existente" era mal-acabado e corrupto? Não os cidadãos, com certeza, bem conscientes que eram de todos os seus defeitos; e muito menos os funcionários do governo, que simplesmente não poderiam não saber. Nada disso: o grande Outro era aquele a quem se destinava o "não saber" – aquele a quem não é permitido conhecer a realidade cotidiana do "socialismo realmente existente". No entanto, a distinção entre o que

---

Comunista, que depois se tornou título do livro de Marshall Berman: *Tudo o que é sólido se desmancha no ar*. Marx e Engels estão tratando do caráter revolucionário da burguesia, sua necessidade de subverter constantemente o processo produtivo e a tendência dissolvente do capitalismo frente às velhas tradições e relações sociais. No inglês, "PR" (relações públicas) rima com "air" (ar).

o grande Outro sabe e aquilo que todos os indivíduos sabem e experimentam no dia a dia está longe de ser um vazio "meramente" formal; é a discrepância entre os dois que permite que a realidade social "comum" funcione. Quando não é mais possível manter a ilusão de desconhecimento por parte do grande Outro, desintegra-se o tecido que mantinha coeso todo o sistema social. Por isso a gravidade do discurso de Khrushchev em 1965, quando "admitiu" os erros do Estado soviético. Não era como se no Partido já não estivessem cientes das atrocidades conduzidas em seu nome, mas o anúncio público por parte de Khrushchev tornava agora impossível acreditar que o grande Outro as ignorasse.

Isso em relação ao socialismo realmente existente. Mas e quanto ao "capitalismo realmente existente"? Um jeito de compreender a parte de "realismo" no realismo capitalista é em termos de sua anunciada renúncia da crença em um grande Outro. "Pós-modernidade" pode ser considerado o nome atribuído ao complexo de distintas crises disparadas pelo declínio na crença no grande Outro, como sugere a célebre formulação de Lyotard – "incredulidade nas metanarrativas" – para a condição pós-moderna. Jameson, por sua vez, argumentaria que esta incredulidade é uma expressão da "lógica cultural do capitalismo tardio", consequência da passagem ao modo pós-fordista da acumulação do capital. Entretanto, foi Nick Land quem forneceu uma das mais eufóricas descrições da "dissolução pós-moderna da cultura na economia". Na obra de Land, uma mão invisível turbinada com upgrades cibernéticos vai progressivamente eliminando o poder de Estado centralizado. Seus textos da década de 1990 sintetizavam tecnologia, teoria da complexidade, ficção cyberpunk e neoliberalismo para construir uma visão do capital como inteligência artificial planetária: um sistema vasto, flexível e infinitamente capaz de suportar fissuras, no qual o ser humano torna-se obsoleto. Em *Meltdown*

[Derretimento], seu manifesto por um capital descentralizado e não-linear, Land invoca "uma matriz-em-rede amplamente distribuída, orientada a desativar os programas de comando e controle ROM [da memória base fixa] de todas as formas macro e microgovernamentais, que concentram globalmente um Sistema de Seguridade Humano". Eis aqui o capitalismo como um Real desestruturante, cujos sinais (virais, digitais) circulam por redes autossuficientes, passando ao largo do simbólico, sem necessitar do grande Outro como fiador. Trata-se do capital como a "coisa inominável" de Deleuze e Guattari, só que desprovido das forças de reterritorialização e antiprodução que para eles eram *constitutivas* do capitalismo. Um dos problemas principais da posição de Land é o que a torna tão interessante: pressupor um capitalismo em estado "puro", que só pode ser inibido e bloqueado por elementos *extrínsecos*, ao invés de internos (de acordo com Land, esses elementos são meros atavismos que o capital acabará também por consumir e metabolizar). O problema é que o capitalismo não pode ser "purificado" dessa maneira: excluindo-se as forças de antiprodução, o capitalismo desaparece junto com elas. Do mesmo jeito que não há nenhuma tendência de "desnudamento" progressivo do capitalismo, nenhum gradual desmascaramento mostrando o capital como "realmente" é: selvagem, indiferente, desumano. Ao contrário: o papel essencial das "transformações incorpóreas" efetuadas pelo *branding*, a propaganda, e as relações públicas, mostra que, para operar efetivamente, a ação predatória do capital requer muitas formas de mascaramento. O capitalismo realmente existente é marcado pela mesma divisão que caracterizou o socialismo realmente existente: de um lado, uma cultura oficial na qual as empresas são apresentadas como "socialmente responsáveis", que "se importam" (com o social, com o meio ambiente etc.); por outro, a consciência amplamente difundida de que empresas são corruptas, inescrupulosas etc. Em outras palavras, a pós-modernidade capitalista não é tão incrédula como poderia parecer à primeira vista, como amargamente aprendeu o joalheiro Gerald Ratner.[42] Ratner tentou contornar o simbólico, e falar as coisas "como realmente são": em discurso após um jantar, descreveu as peças de bijuterias vendidas em suas lojas como "porcaria". As consequências de tornar *oficial* essa avaliação foram imediatas e sérias: sua companhia perdeu quinhentos milhões de libras em valor de mercado, e Ratner perdeu o emprego. Os consumidores podiam até saber que as joias vendidas na Ratners eram de baixa qualidade; mas o grande Outro, não. E, assim que soube, a Ratners entrou em colapso.

O pós-modernismo coloquial tem lidado com a "crise da eficiência simbólica" de uma maneira bem menos intensa que Nick Land: por meio de angústias metaficcionais acerca da função do autor, assim como em filmes e programas de TV que expõem os mecanismos de sua própria produção, e incorporam reflexivamente discussões sobre seu próprio estatuto como mercadorias. Mas esses gestos supostamente desmistificadores, longe de ser uma mostra de sofisticação, sinalizam uma certa ingenuidade, uma convicção de que havia, no passado, quem *realmente* acreditava no simbólico. É óbvio que a "eficiência simbólica" era alcançada precisamente mantendo uma clara distinção entre uma causalidade material-empírica e uma outra, incorpórea, própria do simbólico. Žižek traz o exemplo de um juiz: "Sei muito bem que as coisas são como vejo [que fulano é um fracote corrupto], mas ainda assim eu o trato com respeito, já que ele usa a toga de juiz, de modo que, quando fala, é a própria Lei que fala por ele".[43] Ao mesmo tempo

---

[42] N. da E.: Gerald Irving Ratner é um empresário britânico e palestrante motivacional. Foi diretor executivo da empresa de jóias Ratners Group (atualmente Signet Group).

[43] Žižek, Slavoj. *A visão em paralaxe*. São Paulo: Boitempo Editorial,

(...) a redução cínica à realidade é inadequada: quando o juiz fala, de certa forma há mais verdade em suas palavras (as palavras da Instituição da Lei) do que na realidade direta da pessoa do juiz – quem se limita ao que vê deixa simplesmente de ver a questão. É esse paradoxo que Lacan visa com seu *"les non-dupes errent"*:[44] os que não se deixam ser pegos pelo logro/ficção simbólica e continuam a acreditar em seus olhos são os que mais andam sem rumo. O que o cínico que "só acredita em seus olhos" deixa de ver é a eficiência da ficção simbólica, a maneira como essa ficção estrutura nossa experiência da realidade.[45]

Boa parte da obra de Baudrillard é um comentário sobre esse efeito: o modo como a abolição do simbólico conduziu não a um encontro direto com o Real, mas a uma espécie de hemorragia *do* Real. Para Baudrillard, fenômenos como documentários não-intrusivos e pesquisas eleitorais – ambos com a pretensão de retratar a realidade de uma forma não mediada – propõem um dilema insolúvel. A presença das câmeras afeta o comportamento daqueles que estão sendo filmados? A publicação dos resultados afeta o comportamento dos eleitores? São perguntas sem respostas e a "realidade", portanto, sempre se mostra obscura: no momento em que parece estar sendo capturada em sua forma mais crua, eis que se transforma naquilo que Baudrillard chama, em um neologismo bastante mal compreendido, de "hiperrealidade". Em um eco inquietante das fixações de Baudrillard, os reality shows mais bem-sucedidos acabaram por *fundir* elementos dos documentários não-intrusivos com pesquisas interativas. Efetivamente, há duas esferas de "realidade" nesses programas: o comportamento sem roteiro

---

2011.

[44] N. da T.: os tolos não erram.

[45] Idem.

dos participantes e as reações imprevisíveis dos espectadores – que, por sua vez, afetará as ações diante das câmeras. Apesar dessa "realidade" toda, a TV permanece assombrada por questões sobre ficção e ilusão: estariam os participantes reprimindo aspectos de sua personalidade para parecerem mais palatáveis ao gosto do público? O voto de quem acompanha o programa foi devidamente registrado, ou foi tudo armação? O slogan do *Big Brother* britânico – "você decide" – captura perfeitamente o modo de controle por retroalimentação [feedback] que, segundo Baudrillard, assume o lugar das velhas formas centralizadas de comando. Nós, espectadores, ocupamos a cadeira vazia do poder, telefonando, clicando nos ícones de nossa escolha. O *Big Brother* televisivo superou o de Orwell. Nós, o público, não somos subjugados por um poder externo; ao invés disso, estamos integrados a um circuito de controle que tem como único mandato nossos próprios desejos e preferências – que retornam a nós, não mais como nossos, mas como desejos do grande Outro. Naturalmente, tais circuitos não se limitam à televisão: sistemas cibernéticos de retroalimentação (grupos focais, pesquisas demográficas etc.) são parte integrante de qualquer produto do setor de "serviços", da educação à administração pública.

E assim voltamos aos problemas da burocracia pós-fordista. Há, obviamente, uma relação estreita entre a burocracia – o discurso do funcionarismo (oficializado) – e o grande Outro. Tomemos de Žižek dois exemplos do grande Outro em ação: um funcionário do baixo escalão que não foi informado sobre uma oferta e que, perguntado a respeito, responde: "perdão por não poder ajudá-lo, mas não fui devidamente comunicado sobre essa nova medida"; ou uma senhora convicta de que seus infortúnios são consequência da má sorte trazida pelo número de sua propriedade, mas que não pode ela mesma mudar a numeração, porque "tem de ser feito adequadamente pelas instituições superiores". Estamos todos familiarizados com a libido burocrática: o gozo que certos funcionários extraem de uma posição de autoridade denegada ("não é minha culpa; lamento, só estou cumprindo as regras"). A frustração de lidar com burocratas frequentemente deriva do fato de que não são eles quem tomam as decisões: a eles é permitido apenas referir-se a decisões sempre já tomadas (pelo grande Outro). Kafka foi o grande narrador do sistema burocrático, pois percebeu que essa estrutura de denegação é inerente a seu funcionamento. A busca pela máxima autoridade que seria finalmente capaz de resolver a situação legal de K. em *O processo* não pode nunca ser concluída, porque o grande Outro não pode ser encontrado diretamente: o que há apenas são funcionários, mais ou menos hostis, engajados em atos de interpretação sobre o que o grande Outro quer. E isso é tudo: o grande Outro não é nada além desses atos de interpretação e de desresponsabilização.

Se Kafka é valioso como comentarista do totalitarismo, isso se deve por sua capacidade de revelar uma dimensão do próprio totalitarismo que não pode ser compreendida segundo o modelo do comando despótico. A imagem kafkiana de um infinito e labiríntico purgatório burocrático coincide com a afirmação de Žižek de que o sistema soviético era um "império dos signos", no qual até os membros da Nomenklatura – incluindo Stalin e Molotov – se viam obrigados a se engajar na tentativa de decifrar uma complexa série de signos semiótico-sociais. Ninguém efetivamente *sabia* o que estava sendo requerido; tudo o que os indivíduos podiam fazer era tentar adivinhar os significados de gestos e diretrizes. O que acontece no capitalismo tardio, quando não há mais possibilidade de apelação, sequer em princípio, a uma autoridade última capaz de oferecer a versão oficial definitiva, é uma massiva intensificação dessa ambiguidade. Como exemplo dessa síndrome, analisemos mais uma vez as instituições de educação continuada. Em uma reunião com representantes sindicais, reitores de institutos e membros do parlamento, surgiram alguns questionamentos ao Conselho de Aprendizagem e Habilidades,[46] a entidade que reside no centro do labirinto desse setor. Os professores, reitores e parlamentares não conseguiam entender como certas diretrizes haviam sido geradas, uma vez que não estavam descritas na política pública oficial do governo. A resposta foi que o conselho teria "interpretado" disposições ministeriais emitidas pelo Departamento de Educação e Habilidades.[47] Essas interpretações, por sua vez, alcançaram então um patamar de estranha autonomia bastante peculiar à burocracia. De um lado, os procedimentos burocráticos flutuam livremente, independente de qualquer autoridade externa; por outro, essa autonomia garante que tais procedimentos assumam uma dureza implacável, imunes a retificações ou questionamentos.

A proliferação da "cultura da auditoria" no pós-fordismo indica que os rumores sobre a morte do grande Outro foram exagerados. Pode-se pensar a auditoria como uma fusão das relações públicas com a burocracia, pois os dados burocráticos com frequência preenchem uma função promocional: no caso da educação, por exemplo, resultados de exames e mudanças em indicadores aumentam (ou diminuem) o prestígio de dada instituição. A frustração do professor é que seu trabalho parece cada vez mais direcionado a fazer uma boa impressão para o grande Outro, que é quem coleta e consome esses "dados". "Dados" entre aspas, pois em boa medida essas pretensas informações tem pouco sentido ou aplicação fora dos contextos e parâmetros da auditoria em si: como nota Eeva Berglund, "a informação gerada pela auditoria tem consequências, mesmo sendo superficial em detalhamentos locais e tão abstrata, a pon-

---

[46] N. da E.: Learning and Skills Council (LSC).
[47] N. da E.: Department for Education and Skills.

to de ser enganadora ou não ter sentindo algum – exceto, claro, pelos critérios estéticos da própria auditoria".[48]

A nova burocracia não toma a forma de uma função específica, delimitada, realizada por um grupo particular de trabalhadores, mas invade todos os campos do trabalho. O resultado – já previsto por Kafka – é que todo trabalhador se torna seu próprio auditor, forçado a avaliar o próprio desempenho. Tomemos como exemplo o "novo sistema" que a Agência de Normas para a Educação[49] (OFSTED) utiliza para inspecionar os institutos de educação continuada. No sistema anterior, cada instituto passaria por uma avaliação "pesada" a cada quatro anos; que envolvia uma vasta observações das aulas, e um número significante de inspetores por toda a instituição. No novo sistema, "otimizado", caso o instituto prove que seu sistema interno de avaliação interna é eficaz, é suficiente se submeter a uma avaliação "leve". Mas a desvantagem dessa avaliação "leve" é óbvia: o monitoramento é terceirizado, deixando de ser responsabilidade da OFSTED e passando a ser responsabilidade do próprio instituto, recaindo efetivamente sobre os professores, tornando-se uma característica permanente e ininterrupta, da estrutura educacional (assim como da psicologia dos professores individualmente). A diferença entre os sistemas de inspeção velho/pesado e novo/leve corresponde à distinção kafkiana entre "absolvição ostensiva" e "postergação indefinida", descrita algumas linhas atrás. Com a absolvição ostensiva, o acusado faz uma petição à primeira instância para que suspendam o processo, e fica, para todos os efeitos, livre até que o caso seja

---

[48] Berglund, Eeva. "I wanted to be an academic, not a 'creative': notes on universities and the new capitalism". *Ephemera Journal*. Disponível em: http://www.ephemerajournal.org/contribution/i-wanted-be-academic-not-creative-notes-universities-and-new-capitalism.

[49] N. da E.: Office for Standards in Education.

reaberto. Na postergação indefinida, o caso nunca é julgado definitivamente, mas o preço a pagar é uma ansiedade que nunca acaba. A avaliação periódica dá lugar a uma avaliação permanente e onipresente, que não pode deixar de gerar uma ansiedade perpétua.

De qualquer maneira, nada faz pensar que a inspeção "leve" é preferível à "pesada". Os avaliadores inspecionam o ambiente pelo mesmo período de tempo em ambos os casos; o fato de que talvez estejam em menor número não alivia a pressão que toda a situação gera – que tem mais a ver com trabalho burocrático extra que deverá ser feito no tempo livre, antecipando-se à necessidade de ter todos os documentos preparados no caso de um eventual inspeção, do que com a inspeção em si. Assim, a inspeção corresponde exatamente à leitura de Foucault sobre a natureza virtual da vigilância em *Vigiar e punir*. Foucault observa que o posto da vigilância poderia não estar ocupado. Não importa: o efeito de não saber se há ou não alguém observando produz uma introjeção do aparato de vigilância. Passamos a agir como se estivéssemos em constante monitoramento. No caso de inspeções de escolas e universidades, o que será avaliado em você não são suas habilidades como professor, mas sua diligência como burocrata. Existem outros efeitos bizarros. Como a OFSTED monitora também o sistema de autoavaliação do próprio instituto, há um incentivo implícito para que o instituto dê uma nota para si mais baixa do que de fato merece (para que o sistema de autoavaliação receba uma avaliação melhor). O resultado não é outro do que uma espécie de versão capitalista e pós-moderna do confessionalismo autocrítico maoísta: pedir aos trabalhadores que se engajem em um constante ritual simbólico de autodepreciação. Certa vez nosso diretor, enquanto exaltava os benefícios do sistema "leve" de inspeção, nos alertou que um problema com nossos registros é que não eram suficientemente autocríticos. "Não se preocupem!", ele nos disse: toda autocrítica que fizermos será puramente simbólica, não se voltará contra nós. Como se autoflagelação enquanto parte de um cínico procedimento burocrático meramente formal fosse menos desmoralizante.

Na sala de aula pós-fordista, a impotência reflexiva dos estudantes é espelhada pela impotência reflexiva dos professores. Como afirmam De Angelis e Harvie

> práticas e requerimentos de padronização e monitoramento impõem uma alta carga de trabalho para os acadêmicos, e poucos deles estão contentes com isso. As reações têm sido as mais diversas. Diretores têm com frequência sugerido que *não há alternativa* (TINA), e o que talvez tenhamos que fazer é "trabalhar de maneira mais inteligente, e não trabalhar mais".[50] Este cativante jogo de palavras, apresentado para aplacar a resistência dos funcionários a certas mudanças que em suas (nossas) experiências pessoais, tem efeitos devastadores nas condições de trabalho e visa, por um lado, integrar a ideia da necessidade de "mudança" (reestruturação e inovação) para adequar-se às restrições no orçamento e, ao mesmo tempo, estimular a "competitividade"; por outro, aliviar uma insatisfação não apenas com a piora das condições de trabalho em si, mas com a falta de sentido pedagógico e acadêmico dessas "mudanças".[51]

Ao invocar a ideia de que "não há alternativa" e recomendar aos docentes a "trabalhar de maneira mais inteligente, e não trabalhar mais", o realismo capitalista dá o tom dos conflitos do trabalho no pós-fordismo. Um colega sarcasticamente ressaltou

---

[50] N. da E.: no original "*work smarter, not harder*".

[51] De Angelis, Massimo e Harvie, David. "Cognitive capitalism' and the rat-race: how capital measures immaterial labour in british universities". Em *Historical Materialism* 17. Brill, 2009.

que parece mais difícil imaginar o fim do regime de avaliação do que parecia imaginar o fim da escravidão. Esse fatalismo só poderá ser combatido seriamente pela emergência de um sujeito político novo (e coletivo).

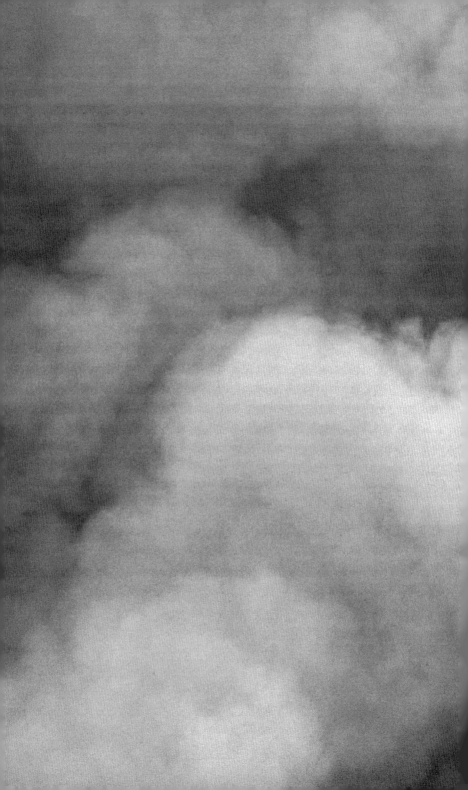

"Se pudéssemos observar a sobreposição de realidades distintas": o realismo capitalista como trabalho onírico e distúrbio de memória.

"Ser realista" já significou fazer as pazes com uma realidade experimentada como sólida e imóvel. No realismo capitalista, entretanto, implica que nos subordinemos a uma realidade infinitamente plástica, capaz de se reconfigurar a todo instante. Somos confrontados com o que Jameson chama, em seu ensaio "As antinomias da pós-modernidade", um "presente puramente *fungível*, no qual o espaço e as psiques possam igualmente ser processados e refeitos à vontade".[52] Aqui, "realidade" assemelha-se às multiplicidades de opções disponíveis em um documento digital, no qual nenhuma decisão é definitiva, há sempre a possibilidade de revisão, e a qualquer instante pode-se retornar a um momento anterior. Um diretor do instituto de educação continuada, a quem me refiri anteriormente, fez da adaptação a essa realidade *fungível* uma arte. Contava-nos em um dia, com total confiança, uma história repleta de otimismo sobre a instituição e seu futuro – quais seriam as implicações da inspeção, o que as instâncias superiores estavam achando... – e, *literalmente no dia seguinte*, sem nenhum traço de timidez, aparecia com uma nova narrativa que contradizia completamente suas alegações anteriores. Não era sequer uma questão de se retratar acerca do que dissera: ele não parecia sequer lembrar que uma outra versão havia existido. Isso, suponho, é o que se chama de "gestão competente". E é também, muito provavelmente, a única maneira de permanecer são e em boa saúde em

---

[52] Jameson, Fredric. "As antinomias da pós-modernidade". Em *As sementes do tempo*. São Paulo: Ática, 1997.

meio a instabilidade perpétua do capitalismo. Por fora, esse diretor é um modelo de saúde mental perfeita, transpirando uma cordialidade fraterna de quem cumprimenta afetuosamente os colegas no corredor. Mas tais níveis de candura só podem ser mantidos mediante uma ausência quase total de reflexão crítica e uma capacidade, como ele bem tinha, para cinicamente se conformar com quaisquer diretrizes vindas da autoridade burocrática. O *cinismo* da conformidade é ingrediente fundamental: dele depende a manutenção de sua auto-imagem, a do "jovem senhor" de ideais progressistas diretamente trazidos dos anos 1960, que "não acredita realmente" no processo de auditoria que faz cumprir com absoluta diligência. Essa denegação, esse deslocamento, se sustenta na distinção entre atitude subjetiva interna e comportamento exterior, discutida anteriormente: por dentro é antipático, até contestador, frente àqueles procedimentos burocráticos que supervisiona; por fora, conforma-se a esses procedimentos perfeitamente. É precisamente esse desinvestimento subjetivo nas tarefas cotidianas que permite aos trabalhadores continuarem a realizar um trabalho sem sentido e desmoralizante.

A capacidade do diretor de transitar livremente por realidades tão distintas me faz lembrar de *A curva do sonho*, de Ursula Le Guin. O romance conta a história de George Orr, um homem cujos sonhos se transformam, literalmente, em realidade. Ao melhor estilo dos contos de fadas, no entanto, as realizações dos desejos rapidamente vão se tornando traumáticas e catastróficas. Como quando Orr é induzido por Dr. Haber, seu terapeuta, a sonhar com uma resposta para o problema da superpopulação e o protagonista desperta em um mundo no qual bilhões de vidas foram dizimadas por uma praga; essa catástrofe, como Jameson propõe em sua discussão da obra, é "um acontecimento que, embora inexistente, rapidamente encontra lugar na nossa memória cronológica de um passado recente".

Muito da força do romance deriva da construção e do manejo retrospectivo dessas fabulações, em uma dinâmica ao mesmo tempo tão familiar (todos nós sonhamos ao dormir) e estranha. Como poderíamos acreditar em relatos sucessivos, ou coexistentes, que se contradizem de modo tão óbvio? E, no entanto, Kant, Nietzsche e a psicanálise já nos ensinaram que *despertar*, tanto quanto sonhar, depende de semelhante análise de narrativas. Se o Real é insuportável, *qualquer* realidade que formos capazes de construir terá que ser um tecido de inconsistências. O que diferencia Kant, Nietzsche e Freud do clichê batido de que "a vida é um sonho" é o sentido de que as fabulações nas quais vivemos são consensuais. A ideia de que o mundo que experimentamos é uma ilusão solipsista projetada no interior da nossa mente mais consola do que perturba, uma vez que está de acordo com nossas fantasias infantis de onipotência. Já o pensamento de que a nossa, assim chamada, interioridade deve sua existência a um consenso ficcionalizado traz consigo uma carga inquietante. Esse nível extra de inquietação está registrado em *A curva do sonho* quando os sonhos de Orr que distorcem a realidade são observados por outros – pela advogada Heather Lelache e pelo terapeuta Dr. Haber, que procura manipular e controlar a habilidade de Orr. Como é viver um sonho – *de outro* – que se torna realidade?

> [Haber] não podia mais continuar falando. Sentiu: a mudança, a chegada, o porvir.
>
> A mulher também sentiu. Parecia assustada. Apertando, como um talismã, o colar de bronze contra a sua garganta, fitava a paisagem da janela em tontura, choque, horror.

[...] E a ela, o que fez disso tudo? Ela entendeu, enlouqueceu, o que seria dela? Fora capaz de manter as duas linhas de memória, assim como ele?; a real e a nova, a velha e a verdadeira?[53]

Ela "enlouqueceu"? Não, de forma alguma: depois de um momento de negação e assombro, Heather Lelache aceita o "novo" mundo como o mundo "verdadeiro", apagando as cicatrizes. Essa estratégia – de aceitar sem questionamentos o incomensurável, o sem sentido – sempre foi uma técnica de sanidade por excelência, mas tem um papel essencial no capitalismo tardio, essa "pintura multiforme de tudo aquilo que já existiu", cuja conjuração e descarte das ficções sociais ocorre quase tão rapidamente quanto a produção e distribuição das mercadorias.

Em tais condições de precariedade ontológica, esquecer converte-se em estratégia de adaptação. Tomemos por exemplo o primeiro ministro britânico Gordon Brown, cuja oportuna reinvenção de identidade política envolveu a tentativa de induzir uma espécie de esquecimento coletivo. Em um artigo publicado na *International Socialism*, John Newsinger lembra como

Brown afirmou, em uma conferência da Confederação Britânica da Indústria, que "o mundo dos negócios está em meu sangue". Que sua mãe havia sido diretora de uma empresa e ele havia crescido "em uma atmosfera onde eu sabia de tudo o que estava acontecendo no meio empresarial". Brown era, e de fato sempre havia sido, um deles. O único problema é que nada disso era verdade. Conforme sua mãe admitiu depois, ela nunca se considerou "uma mulher de negócios": apenas havia realizado "ligeiras tarefas administrativas" em uma "pequena empresa familiar" e abandonou o emprego após o casamento, três anos antes do pequeno Gordon

---

[53] Le Guin, Ursula K. *A curva do sonho*, 1971.

nascer. Se já tivemos lideranças no Partido Trabalhista que tentaram inventar uma origem operária, Brown foi o primeiro tentar inventar uma origem burguesa.[54]

Newsinger contrasta Brown com seu rival, e predecessor, Tony Blair – um caso bastante diferente. Blair, que encarnava o estranho espetáculo de um messianismo pós-moderno, jamais precisou renegar suas convicções porque não acreditou em coisa alguma; já a transição de Gordon Brown, a peregrinação de socialista presbiteriano a chefão do Novo Trabalhismo, foi um longo, árduo e doloroso processo de autonegação e repúdio. "Para Blair, abraçar o neoliberalismo não envolveu nenhuma grande batalha interna, uma vez que não tinha convicções anteriores para abandonar", escreve Newsinger, "já no caso de Brown, envolveu uma decisão deliberada de trocar de lado – o esforço, pode-se suspeitar, danificou sua personalidade no processo". Blair era o Último Homem[55] por natureza e inclinação. Brown tornou-se o Último Homem, o anão no Fim da História, por força de sua própria vontade.

Blair era o homem sem peito,[56] o *outsider* – de fora da política – que o partido precisava para voltar ao poder, um vendedor

---

[54] Newsinger, John. "Brown's journey from reformism to neoliberalism". Em *International Socialism*, julho de 2017, edição 115.

[55] N. da E.: referência ao personagem Lionel Verney, do romance *O último homem* (1826) de Mary Shelley.

[56] N. da T.: o autor utiliza a expressão *man without a chest*, que faz referência ao ensaio de C. S. Lewis de 1943, A *abolição do homem*: "Em uma espécie de ingenuidade macabra, removemos o órgão e demandamos sua função. Criamos os homens sem peito e esperamos deles a virtude e a iniciativa. Zombamos da honra e ficamos chocados ao encontrar traidores em nosso meio. Nós os castramos e exigimos dos castrados que sejam frutíferos". (A *abolição do homem*. Rio de

malandro com seu sorriso histérico de coringa. Já o implausível ato de reinvenção de Brown era precisamente aquilo pelo qual o próprio partido precisou passar; seu sofrido sorriso falso, o correlato objetivo do estado real do partido, que havia capitulado inteiramente ao realismo capitalista: vazio, e covarde, suas entranhas substituídas por simulacros que uma vez já pareceram reluzentes, mas que agora eram tão atraentes quanto uma tecnologia computacional dez anos depois de seu lançamento.

Em condições nas quais se atualizam realidades e identidades como softwares, não é surpreendente que os distúrbios de memória ocupem atualmente o foco da angústia cultural – pensemos em exemplos do cinema, como *Amnésia*, *Brilho eterno de uma mente sem lembranças* ou a série *Bourne*. Na saga cinematográfica dedicada a Jason Bourne, a busca desesperada do protagonista para reconquistar sua identidade corre lado a lado com uma contínua fuga de qualquer sentido do "eu" fixo. "Tente me entender...", afirma Bourne, em uma passagem do romance original de Robert Ludlum,

> Tenho que saber algumas coisas.., o suficiente para tomar uma decisão... mas talvez não tudo. Uma parte de mim tem que ser capaz de ir embora, desaparecer. Tenho que ser capaz de dizer para mim mesmo, o que foi não é mais e há uma possibilidade de *nunca* ter sido, porque não tenho nenhuma lembrança disso. O que uma pessoa não pode se lembrar não existe.., ao menos para ele.[57]

Nos filmes, o nomadismo transnacional de Bourne é exibido em uma edição de cortes ultrarrápidos, que funciona como uma espécie de antimemória, projetando o espectador num vertigi-

---

Janeiro: Vida melhor Editora s.a., 2017.)

[57] Ludlum, Robert. *A identidade Bourne*. Rio de Janeiro: Editora Rocco, 2000.

noso "presente contínuo", que, segundo Frederic Jameson, caracteriza a temporalidade pós-moderna. A trama complexa dos romances de Ludlum é transformada em uma série de eventos cifrados e fragmentos de ações evanescentes de coerência precária que mal chega a formar uma narrativa inteligível. Privado de uma história pessoal, Bourne carece de memória *narrativa*, mas conserva aquilo que se pode chamar de memória *formal*: uma memória (de técnicas, práticas, ações) literalmente encarnada em um conjunto de tiques físicos e reflexos condicionados. A memória danificada de Bourne ecoa a modalidade pós-moderna de nostalgia descrita por Fredric Jameson, na qual referências contemporâneas ou mesmo futurísticas no nível do conteúdo obscurecem a dependência em relação a modelos estabelecidos, ou antiquados, no nível da forma. Por um lado, é uma cultura que privilegia apenas o presente e o imediato – a extirpação do "longo prazo" se estende no tempo tanto para frente quanto para trás (por exemplo, um tema monopoliza a atenção por pouco mais de uma semana no noticiário, e então instantaneamente cai no esquecimento); por outro, é uma cultura excessivamente nostálgica, propensa à retrospectiva, incapaz de gerar novidades autênticas. A identificação e análise desta antinomia temporal de Jameson é provavelmente sua maior contribuição para nossa compreensão da cultura pós-moderna/pós-fordista. "O paradoxo do qual devemos partir", Jameson argumenta em "As antinomias da pós-modernidade",

> é o da equivalência entre uma taxa de mudanças sem precedentes em todos os níveis da vida social e uma padronização de tudo sem precedentes – sentimentos, bens de consumo, linguagem, espaço e arquitetura – que poderia ser julgada incompatível com tal mutabilidade... A partir disso, nos damos conta de que nenhuma sociedade jamais se padronizou tanto quanto a nossa, e

que a corrente de temporalidade humana, social e histórica nunca seguiu seu curso de forma tão homogênea. (...) Portanto, o que agora conseguimos perceber – e que começa a emergir como uma constituição profunda e mais fundamental da própria pós-modernidade, ao menos em sua dimensão temporal – é que, daqui em diante, enquanto tudo submete-se ao perpétuo contínuo de mudança da moda e das representações midiáticas, nenhuma mudança é possível.[58]

Sem dúvida, trata-se de um outro exemplo da batalha entre as forças de desterritorialização e reterritorialização que, para Deleuze e Guattari, é constitutiva do capitalismo enquanto tal. Não seria surpreendente se a profunda instabilidade social e econômica resultasse em um profundo desejo por formatos culturais já conhecidos, para os quais retornamos como Bourne retorna a seus reflexos. O distúrbio de memória que é correlato a essa situação é a condição que aflige Leonard no filme *Amnésia*, em tese um tipo de amnésia anterógrada. Neste tipo de amnésia as memórias anteriores ao início da condição permanecem intactas, mas os indivíduos são incapazes de transferir novas memórias para a memória de longo prazo. Por isso, tudo o que for novo aparece como hostil, fugaz, impossível de navegar, e o paciente refugia-se na segurança daquilo que já é velho e conhecido. *Incapacidade de formar novas memórias*: uma definição concisa do impasse pós-moderno.

Se os os distúrbios de memória oferecem uma convincente analogia para as falhas do realismo capitalista, o modelo para seu funcionamento contínuo, sem brechas, seria o trabalho onírico. Quando sonhamos, esquecemos – mas imediatamente esquecemos que esquecemos. Como as falhas e lacunas em

---

[58] Jameson, Fredric. "The antinomies of Postmodernity". Em *The seeds of time*, 1994.

nossa memória foram "Photoshopadas", não nos perturbam ou atormentam. O que o trabalho onírico faz é produzir uma consistência confabulada, fantasiosa, que encobre anomalias e contradições. É precisamente isso a que se referia Wendy Brown quando argumenta que o trabalho onírico é precisamente o melhor modelo para compreender as formas contemporâneas de poder. Em seu ensaio *American nightmare: neoconservatism, neoliberalism, and de-democratization* [O pesadelo americano: neoconservadorismo, neoliberalismo e des-democratização], Brown destrincha a aliança entre neoconservadorismo e o neoliberalismo que constituiu a versão norte-americana do realismo capitalista até 2008. Brown mostra que neoliberalismo e neoconservadorismo operavam a partir de premissas não apenas inconsistentes, mas diretamente contraditórias. "Como", pergunta Brown,

uma racionalidade que é expressamente amoral em fins e meios (neoliberalismo) se cruza com uma que é expressamente moral e reguladora (neoconservadorismo)? Como um projeto que esvazia o mundo de significado, que deprecia e desvaloriza a vida e explora abertamente o desejo, interage com um que fixa e reforça significados, conserva certos modos de vida e reprime e regula o desejo? Como o apoio a uma governança modelada na empresa e a um tecido social normativo baseado no interesse privado se cruza com o apoio a uma governança modelada na autoridade da igreja e a um tecido social normativo de autossacrifício e de lealdade consanguínea duradoura, há muito desafiadas pelo atual capitalismo desenfreado?[59]

---

[59] Brown, Wendy. *American nightmare: neoliberalism, neoconservatism, and de-democratization*, 2006.

Mas a incoerência daquilo que Brown chama de "racionalidade política" nada faz para impedir a simbiose na subjetividade política. Embora procedam de prerrogativas muito diferentes, Brown argumenta que o neoliberalismo e o neoconservadorismo trabalharam em parceria para minar a esfera pública e a democracia, ao produzir um cidadão governado que busca soluções para seus problemas em mercadorias, não em processos políticos. Como Brown afirma,

> o cidadão que escolhe e o cidadão governado estão longe de serem opostos... Os intelectuais da escola de Frankfurt (e, antes deles, Platão) teorizaram a compatibilidade aberta entre a escolha individual e a dominação política, e descreveram sujeitos democráticos que estão dispostos a se submeter à tirania política ou ao autoritarismo justamente porque estão absorvidos em um domínio de escolha e satisfação de necessidades que erroneamente confundem com liberdade.[60]

Extrapolando um pouco os argumentos de Brown, podemos lançar a hipótese de que o que manteve junta a síntese bizarra do neoconservadorismo com o neoliberalismo foi seu inimigo em comum, objeto compartilhado de abominação: o assim chamado "Estado babá"[61] e seus dependentes. Apesar de ostentar

---

[60] Idem.

[61] N. da T.: "Nanny State", um termo de origem britânica que expressa a crítica conservadora ao estado de bem-estar social, transmitindo a imagem de um governo paternalista, condescendente e superprotetor, que infantiliza os cidadãos e interfere nas escolhas pessoais. A invenção do termo é comumente atribuída ao parlamentar Iain Macleod (que o utilizou em um artigo de 1965), mas foi popularizado por empresas de cigarros, em reação às campanhas públicas antitabagistas, e sobretudo por Margaret Thachter.

uma retórica antiestatista, o neoliberalismo na prática não se opõe ao Estado *per se* – como demonstraram os esforços estatais massivos para salvar os bancos e resgatar o sistema financeiro em 2008 –, mas sim, a certos usos específicos dos fundos estatais. O Estado forte do neoconservadorismo estava restrito a funções militares e policiais, e se definia contra um Estado de bem-estar social tido como responsável por minar a responsabilidade moral individual.

"Não há operadora central"*

* N. da E.: O título do capítulo "There's no central exchange", foi retirado da tradução de O *castelo* de Franz Kafka utilizada por Fisher. Optamos por manter o nome do capítulo mas utilizar, na página 111, a tradução de Modesto Carone onde o trecho aparece como "não há central telefônica".

Embora o Estado Babá tenha sido em larga medida esfolado pela aliança entre neoliberalismo e neoconservadorismo, o conceito continua a assombrar o realismo capitalista. O espectro do governo forte desempenha uma função *libidinal* essencial para o realismo capitalista. Está ali para ser culpado precisamente por seu *fracasso* em agir enquanto um poder centralizador, de mesma forma como Thomas Hardy se enfurecia contra Deus por ele não existir. Como observou James Meek em um artigo do *London Review of Books* acerca da privatização da água na Grã-Bretanha, "Repetidamente os governos conservadores e trabalhistas descobriram que quando dão poderes às empresas privadas, e essas empresas privadas vacilam feio, os eleitores culpam o governo, e não as empresas".[62] Meek visitou Tewkesbury, uma das cidades britânicas que foi vítima de graves inundações em 2007, um ano após o desastre. Era evidente que a inundação e a consequente falha dos serviços era culpa das empresas de água (que haviam sido privatizadas) e das construtoras, mas Meek descobriu que não era assim que a maioria dos moradores locais via a situação. "Em Tewkesbury", escreve Meeks,

> em geral, há mais hostilidade para com o governo, a prefeitura e a Agência do Ambiente por não impedir os construtores de casas

---

[62] Meek, James. *When the floods came. London Review of Books.* Disponível em: https://www.lrb.co.uk/v30/n15/james-meek/when-the-floods-came

do que com os construtores de casas por construírem as casas, ou os compradores por comprá-las. Quando as seguradoras aumentam suas apólices, a culpa recai mais sobre o governo – por não investir o suficiente em defesas contra as inundações – do que sobre as seguradoras, ou sobre as pessoas que escolhem viver em um vale propenso à inundações, mas sem querer pagar mais por isso.[63]

Esta síndrome foi repetida em uma escala muito maior com um tipo diferente de desastre – a crise bancária de 2008. O foco da mídia estava nos excessos individuais dos banqueiros e na forma como o governo lidou com a crise, e não nas causas sistêmicas da crise. De modo algum quero desculpar o Novo Trabalhismo por seu papel em tais desastres,[64] mas é preciso reconhecer que colocar toda a atenção no governo, ou em indivíduos imorais, é um ato de deflexão, diversionista. Fazer de bode expiatório um governo impotente (se apressando desesperadamente para limpar as sujeiras deixadas por seus amigos do mundo dos negócios) é pura má-fé, oriunda de uma hostilidade contínua ao "Estado babá" que, no entanto, vem acompanhada da recusa em aceitar as consequências da marginalização dos governos no capitalismo global – um sinal de que, no inconsciente político, talvez seja impossível accitar que não haja controladores centrais, e que o mais parecido com um poder governante atual seja uma miríade de interesses nebulosos que exercem irresponsabilidades corporativa sem prestar contas. Um caso de de-

---

[63] Idem.

[64] N. da T.: Gordon Brown, um dos líderes de reformulação pós-Thatcher do Partido Trabalhista, era o primeiro-ministro quando a crise financeira atingiu o Reino Unido, sucedendo Tony Blair, principal figura do Novo Trabalhismo, que havia renunciado em 2007 após uma década à frente do governo.

negação fetichista, talvez – "sabemos muito bem que não é o governo quem puxa as cordinhas, mas mesmo assim...". A denegação acontece em parte porque a falta de centralidade do capitalismo global é radicalmente impensável. Embora atualmente as pessoas sejam interpeladas apenas enquanto consumidores (como Wendy Brown e outros apontaram, o próprio governo é apresentado como uma espécie de mercadoria ou serviço), elas não podem deixar de pensar em si mesmas como (se ainda fossem) cidadãos.

O mais próximo que a maioria de nós chega de ter uma experiência direta com o caráter descentralizado do capitalismo é durante o atendimento em um call center. Como consumidores no capitalismo tardio, habitamos cada vez mais duas realidades distintas: aquela em que os serviços funcionam normalmente, sem encrencas, e outra realidade inteiramente diferente, a do labirinto kafkiano enlouquecedor do telemarketing, um mundo sem memória, onde causa e efeito se conectam de maneiras misteriosas, insondáveis, no qual é um milagre que qualquer coisa aconteça e tende-se a perder as esperança de retornar para o outro lado, onde as coisas parecem funcionar tranquilamente. O que melhor exemplificaria o fracasso do mundo neoliberal e suas relações públicas do que o call center? Mesmo assim, a universalidade das más experiências com o telemarketing não faz nada para desestabilizar a suposição corrente de que o capitalismo é realmente eficiente, como se os problemas com call centers não fossem as consequências sistêmicas de uma lógica do capital, na qual as organizações estão tão fixadas em obter lucros que sequer conseguem prestar o serviço.

A experiência do telemarketing destila a fenomenologia política do capitalismo tardio: o tédio e a frustração pontuados pelas relações públicas alegremente enlatadas; a repetição de detalhes aborrecedores para diferentes operadores (mal treinados e mal informados); a raiva acumulada que deve permanecer impotente porque não pode ter nenhum objeto legítimo, pois – como fica claro muito rápido para quem faz a ligação – não há ninguém que saiba o que fazer e ninguém que fará coisa alguma (mesmo que pudesse fazer). A raiva não pode ser mais que uma válvula de escape: é agressão no vazio, dirigida a alguém que é igualmente uma vítima, mas com quem é difícil estabelecer empatia. Assim como a raiva não possui nenhum objeto próprio, não terá efeito nenhum. Esta experiência de um sistema que não responde, que é impessoal, sem centro, abstrato e fragmentário, é a experiência mais próxima de um encontro com a estupidez artificial do capital em si mesmo.

A angústia de call center é mais uma ilustração da maneira como Kafka é mal entendido se tomado meramente como escritor sobre o totalitarismo. Uma burocracia "estalinista de mercado", descentralizada, é muito mais kafkiana do que uma em que haja uma autoridade central. Leia, por exemplo, a farsa opaca do encontro de K com o sistema telefônico do Castelo, e é difícil não vê-la como inquietantemente profética da experiência do atendimento de telemarketing:

> Não existe nenhuma linha telefônica definida com o castelo, nenhuma central telefônica que encaminhe nossos chamados; quando daqui se chama alguém no castelo, tocam lá todos os aparelhos das seções mais subalternas, ou melhor, todos tocariam se a campainha não estivesse desligada em quase todos eles, como sei com certeza. Mas de vez em quando um funcionário extenuado tem a necessidade de se distrair um pouco – principalmente ao anoitecer ou durante a noite – e liga a campainha, aí então nós recebemos uma resposta, resposta no entanto que não é senão uma brincadeira. Também isso é muito compreensível. Quem pode pretender, em nome de suas pequenas preocupações particulares, se imiscuir, à custa de toques de campainha telefônica, nesses trabalhos importantíssimos que evoluem sempre em ritmo

vertiginoso? Não entendo também como é que alguém, ainda que seja um estrangeiro, pode acreditar que, quando chama Sordini pelo telefone, é realmente Sordini quem responde.[65]

A resposta de K antecipa a frustração desconcertada do indivíduo no labirinto do call center. Embora muitas das conversas com operadores de telemarketing pareçam dadaístas de tão sem sentido, não podem ser tratadas como tal, não podem ser descartadas como não tendo nenhum significado.

— De qualquer modo não vi as coisas assim – disse K. – Não podia conhecer esses detalhes, mas não tinha muita confiança nessas conversas telefônicas e sempre estive consciente de que só tem real importância aquilo que se fica sabendo no castelo, ou que se vem a saber vindo de lá.

— Não – disse o prefeito atendo-se a uma palavra. – Essas respostas por telefone têm importância real, como é que não? Como é que uma informação dada por um funcionário do castelo pode ser desimportante?[66]

O gênio supremo de Kafka foi ter explorado a *ateologia negativa* própria do capital: falta o centro, mas não podemos deixar de buscá-lo ou postulá-lo. Não é que não haja nada lá – é que, o que *há* lá não é capaz de exercer responsabilidade.

Este problema é abordado de outro ângulo em um artigo de Campbell Jones intitulado *The subject supposed to recycle* [O sujeito que deveria reciclar]. Ao colocar a questão "*quem é o sujeito que deveria reciclar?*", Jones desnaturaliza um impera-

---

[65] Kafka, Franz. *O castelo*. São Paulo: Editora Companhia das Letras, 2000.

[66] Idem.

tivo tão consensual hoje em dia que não segui-lo parece sem sentido, até antiético. Supõe-se que *todos* devem reciclar; *ninguém*, seja qual for a sua persuasão política, deve resistir à esta determinação. A demanda para que reciclemos é, de fato, colocada como um imperativo pré-ideológico ou pós-ideológico: em outras palavras, precisamente no espaço no qual a ideologia sempre atua. Mas o sujeito que deveria reciclar, argumentou Jones, pressupõe a estrutura que não recicla: ao fazer da reciclagem uma responsabilidade de "todos", a estrutura terceiriza sua responsabilidade para os consumidores, recuando para a invisibilidade. Agora que o apelo à responsabilidade ética individual é tão clamoroso (em seu livro *Quadros de guerra: quando a vida é passível de luto?*, Judith Butler usa o termo *responsabilização* para se referir a este fenômeno), é necessário mais do que nunca pôr a ênfase na estrutura, em sua forma mais totalizante. Ao invés de dizer que *todos* – ou seja, cada *um* de nós – são responsáveis pela mudança climática, de que todos nós temos que fazer a nossa parte, seria melhor dizer que nenhum de nós é responsável – e que é exatamente esse o problema. A causa da catástrofe ecológica é uma estrutura tão impessoal que, apesar de ser capaz de produzir todo o tipo de efeitos, não é um sujeito capaz de exercer responsabilidade. O sujeito que se requer para tal finalidade – um sujeito coletivo – não existe, mas a crise ecológica, assim como as outras crises globais que enfrentamos, nos demanda a construí-lo. No entanto, o apelo ao imediatismo ético que reina na cultura política britânica – desde pelo menos 1985, quando o sentimentalismo consensual do Live Aid substituiu o antagonismo social da Greve dos Mineiros – protela indefinidamente a emergência de tal sujeito.

Questões semelhantes são abordadas em um artigo de Armin Beverungen sobre o filme *A trama*.[67] O autor vê o filme como uma espécie de diagrama da forma como um determinado modelo de ética (empresarial) dá errado. O problema é que o modelo de responsabilidade individual, tal como aparece na maioria dos sistemas éticos, tem pouca tração sobre o comportamento do capital ou das corporações. *A trama* é, de certa forma, um filme sobre metaconspiração: não apenas sobre conspirações, mas sobre a impotência das tentativas de desvendá-las; ou, muito pior, sobre a forma como determinados tipos de investigação alimentam as próprias conspirações que pretendem expor. Não somente o personagem de Warren Beatty é morto e incriminado pelo crime que está investigando, eliminando-o limpamente e minando suas investigações com um simples puxão de gatilho de um assassino corporativo; a questão é que, como Jameson observou em seu comentário sobre o filme em *The geopolitical aesthetic* [A estética geopolítica], a própria tenacidade de seu individualismo quase sociopata o tornava uma presa fácil dessa armação, eminentemente passível de ser incriminado.

O clímax aterrorizante de *A trama* – quando a silhueta do assassino anônimo de Beatty aparece contra um espaço vertiginosamente branco – rima com a porta aberta no final de um filme muito diferente, *O show de Truman*, de Peter Weir. Mas enquanto a porta no horizonte que se abre para o espaço negro no final do filme de Weir evoca uma ruptura em um universo de total determinismo, o nada do qual depende a liberdade existencial, em *A trama*, por outro lado, a "porta aberta no final... abre-se para um mundo conspiratório organizado e controlado até onde os olhos podem ver".[68] Esta figura anônima com um rifle

---

[67] N. da E.: filme de Alan Pakula de 1974.

[68] Jameson, Fredric. *The geopolitical aesthetic: cinema and space in the*

na soleira de uma porta é o mais próximo que conseguimos ver da conspiração em si. A conspiração em *A trama* nunca oferece um relato, uma explicação sobre si mesma. Nunca é focada em um único indivíduo nefasto. Embora presumivelmente corporativos, os interesses e motivos da conspiração nunca são articulados (talvez nem mesmo para, ou por, aqueles efetivamente envolvidos nela). Quem vai saber o que a Corporação Parallax de fato quer? Ela mesma está situada na paralaxe entre política e economia. É uma fachada comercial para interesses políticos, ou seria o contrário: toda a maquinaria do governo que não passaria de uma fachada para ela? Não está claro se a corporação realmente existe – e mais do que isso – não está sequer claro se seu objetivo é fingir que não existe ou se é fingir que existe.

Com certeza não faltam conspirações no capitalismo, mas a questão é que elas só são possíveis por causa de estruturas de nível mais profundo que as permitem funcionar. Alguém realmente pensa, por exemplo, que as coisas realmente melhorariam se substituíssemos todos os banqueiros e gerentes por um conjunto novo de pessoas ("melhores")? É óbvio que se trata do contrário: é a estrutura que engendra os vícios e defeitos, e enquanto a estrutura permanecer, os vícios serão reproduzidos. A força do filme de Pakula é justamente invocar a impessoalidade sombria, sem centro, própria de uma conspiração corporativa. Como Jameson observa, o que Pakula capta tão bem em *A trama* é uma particular tonalidade afetiva típica do mundo corporativo:

> Para os agentes da conspiração, *Sorge* [preocupação] é uma questão de confiança sorridente, e a preocupação não é pessoal, mas corporativa, uma preocupação com a vitalidade da rede ou da ins-

---

world system. Indiana University press, Bloomington, 1992.

tituição, uma distração ou desatenção desencarnada que envolve o espaço ausente da própria organização coletiva sem as conjecturas desajeitadas que enfraquecem as energias das vítimas. Estas pessoas *sabem* e, portanto, podem investir a sua presença como personagens em uma atenção intensa, mas complacente, cujo centro de gravidade está em outro lugar: uma intencionalidade arrebatadora e ao mesmo tempo desinteressada. No entanto, este tipo muito diferente de preocupação, igualmente despersonalizada, carrega consigo a sua própria ansiedade específica, por assim dizer, inconsciente e corporativa, sem quaisquer consequências para os vilões individuais.[69]

(...) *Sem quaisquer consequências para os vilões individuais...* Como *essa* frase ressoa agora mesmo – depois das mortes de Jean Charles de Menezes e Ian Tomlinson[70] e depois do fiasco da crise financeira. E o que Jameson está descrevendo aqui é o casulo mortificante da estrutura corporativa – que insensibiliza conforme protege, que esvazia ou absolve a gerência, assegurando que sua atenção esteja sempre deslocada, assegurando que *não possam* ouvir. A ilusão de muitos que entram nas funções de gerência, com grandes esperanças, é precisamente de que eles, os indivíduos, podem mudar as coisas, que não vão repetir o que *seus* gerentes fizeram, que as coisas serão diferentes desta vez. Mas basta prestar atenção a qualquer um que tenha sido promovido a um cargo gerencial para perceber que não demora muito tempo para que a petrificação cinza do poder

---

[69] Idem.

[70] N. da T.: Jean Charles de Menezes, cidadão brasileiro, foi executado pela polícia de Londres no metrô, no dia 22 de julho de 2005, confundido com um terrorista. Ian Tomlinson foi agredido e morto pela polícia de Londres, durante os protestos contra a reunião do G20 de abril de 2009. Em ambos os casos ninguém foi condenado.

comece a engoli-lo. É aqui que a estrutura é palpável: pode-se praticamente vê-la absorvendo e tomando conta das pessoas, ouvir os juízos moribundos/mortificantes da estrutura sendo vocalizados através delas.

Por esta razão, é um erro nos apressarmos a impor à força a responsabilidade ética individual que a estrutura empresarial desvia. É a tentação da ética que, como Žižek argumentou, o sistema capitalista utilizou a seu benefício para se proteger em meio à crise financeira: a estratégia foi então culpar os indivíduos supostamente patológicos, aqueles que "abusam do sistema", e não o próprio sistema. Mas esta evasão é, na verdade, um procedimento de dois passos: a estrutura *será* muitas vezes invocada (implícita ou abertamente) precisamente no momento em que existe a possibilidade de indivíduos que pertencem à estrutura empresarial serem punidos. Neste ponto, de repente, as causas dos abusos ou das atrocidades são tão sistêmicas, tão difusas, que nenhum indivíduo pode ser responsabilizado. Foi o que aconteceu com o desastre do futebol de Hillsborough,[71] com a farsa do caso Jean Charles de Menezes e em tantos outros casos. Mas este impasse – só os indivíduos podem ser responsabilizados eticamente pelas ações e, no entanto, a causa desses abusos e erros é corporativa, sistêmica – não é apenas uma dissimulação: indica precisamente o que falta no capitalismo. Que mecanismos são capazes de regular e controlar estruturas impessoais? Como é possível castigar uma estrutura empresarial, corporativa? Sim, as corporações podem legalmente ser

---

[71] N. da T.: em abril de 1989, 96 pessoas morreram pisoteadas no estádio Hillsborough (Sheffield) durante a partida entre o Liverpool FC e Nottingham Forest. O estádio estava em péssimo estado de conservação, e a permissão da entrada excessiva de torcedores causando a superlotação do estádio causaram o desastre. Até hoje ninguém foi responsabilizado.

tratadas como indivíduos, mas o problema é que as corporações, ainda que sejam entidades, não são em nada semelhantes a seres humanos individuais, e qualquer analogia entre punir corporações e punir indivíduos será, portanto, absolutamente superficial. E não é que as corporações sejam os agentes de nível mais profundo, por trás de tudo – são elas mesmas expressões da (condicionada pela) causa-que-não-é-um-sujeito fundamental: o próprio capital.

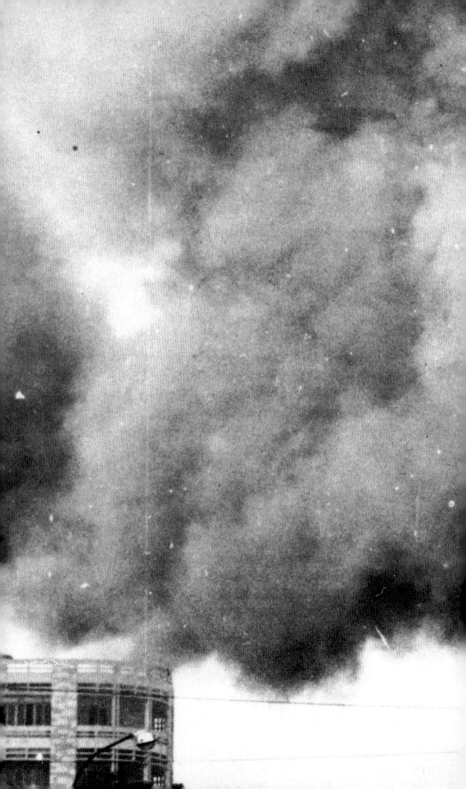

Supernanny marxista

Nada poderia ilustrar melhor o que Žižek identificou como o fracasso da função do pai, a crise do superego paterno no capitalismo tardio, do que uma edição típica de *Supernanny*. O programa oferece um ataque implacável, ainda que implícito, ao hedonismo permissivo da pós-modernidade. *Supernanny* é espinosista na medida em que, como Espinosa, toma por certo que as crianças estão em estado de abjeção: são incapazes de reconhecer seus próprios interesses, incapazes de compreender tanto as causas quanto os efeitos (em geral deletérios) de suas ações. Mas os problemas que a Supernanny enfrenta não surgem das ações ou do caráter das crianças (que, afinal, só poderiam ser mesmo hedonistas idiotas), mas dos pais. São *os pais* que, ao seguir o caminho de menor resistência do princípio do prazer, causam a maior parte da miséria nas famílias. Em um padrão que rapidamente se torna familiar, a busca dos pais por facilitar a vida no curto prazo os levam a ceder a todas as demandas das crianças, que vão se tornando cada vez mais tirânicas.

Assim como muitos professores (ou outros trabalhadores do que costumava ser chamado de "serviço público"), a Supernanny se vê obrigada a resolver problemas de socialização que a família não consegue mais dar conta. Uma Supernanny *marxista,* claro, deveria se concentrar menos em remediar uma família por vez para focar mais nas causas estruturais que produzem o mesmo efeito repetidamente.

O problema é que o capitalismo tardio não pode deixar de insistir (porque depende disso) na relação entre desejo e interesses, uma relação cuja rejeição estava na base da paternidade tradicional. Em uma cultura em que o conceito "paterno" do dever foi subsumido no imperativo "maternal" ao gozo, pode parecer que os pais estão *falhando* em seu dever se, de alguma forma, impedirem o direito absoluto de seus filhos ao gozo. Em parte, trata-se de um efeito da exigência crescente de que ambos os pais estejam no mercado de trabalho; nestas condições, nas quais os pais veem os filhos tão pouco, a tendência será de frequentemente se recusar a ocupar a função "opressiva", de dizer à criança o que ela tem que fazer. A denegação da função parental aparece também no nível da produção cultural: só se oferece ao público aquilo que ele (aparentemente) quer. A questão concreta é que não é possível retornar ao superego paterno – o Pai austero em casa, e a arrogância ao estilo John Reith nos meios de comunicação.[72] Não é possível e nem desejável. Então como ultrapassar a cultura de moribunda conformidade monótona que resulta de uma recusa a desafiar e educar? Uma pergunta tão grande não pode, evidentemente, ser respondida definitivamente em um livrinho como este, o que se segue são apenas alguns pontos de partida e sugestões. Em resumo, porém, creio que é Espinosa quem oferece os melhores recursos para pensar o que poderia ser um "paternalismo sem o pai".

Em seu livro *Tarrying with the negative* [Permanecendo com o negativo], Žižek provocativamente argumenta que um certo espinosismo é a ideologia do capitalismo tardio. Žižek acredita que a rejeição espinoziana da deontologia, em favor de uma ética baseada no conceito de saúde, casa muito bem com a en-

---

[72] N. DA T.: John Reith foi o primeiro diretor geral da BBC (1922 a 1938), que via a radiodifusão como uma forma de educar as massas, e estabeleceu no Reino Unido a tradição de "emissora de serviço público" independente e educativa, imprimindo na BBC uma imagem de seriedade e neutralidade.

genharia afetiva amoral do capitalismo. O famoso exemplo aqui é a leitura de Espinosa sobre o mito da Queda e a fundação da Lei. Na interpretação de Espinosa, quando Deus condena Adão por comer o fruto não o faz por se tratar de uma ação errada: o que Deus faz é advertir Adão a não consumir o fruto porque lhe fará mal. Para Žižek, essa leitura expressa dramaticamente o fim da função do pai. Um ato é errado não porque o papai diz que é; na verdade, o papai só diz que é "errado" porque realizar o ato será prejudicial para nós. Na visão de Žižek, esse movimento de Espinosa retira da fundação da Lei o sustento assegurado no ato sádico de cisão (o corte cruel da castração), ao mesmo tempo que nega a afirmação do poder em um ato de pura volição, no qual o sujeito assume responsabilidade por tudo. De fato, Espinosa oferece fartos recursos para analisar o regime afetivo do capitalismo tardio, o aparato de controle *videodrome*, descrito por Burroughs, Philip K. Dick e David Cronenberg, em que o poder se dissolve em uma neblina fantasmagórica de entorpecentes psíquicos e físicos. Assim como Burroughs, Espinosa mostra que, longe de ser uma condição aberrante, o vício é o estado normal para os seres humanos, habitualmente escravizados em comportamentos reativos e repetitivos por imagens congeladas (de si próprios e do mundo). A liberdade, mostra Espinosa, é algo que só pode ser *alcançado* quando somos capazes de reconhecer as causas reais de nossas ações, quando podemos deixar de lado as "paixões tristes" que nos intoxicam e entorpecem.

Não há dúvida de que o capitalismo tardio certamente articula muitas das suas injunções através de um apelo à (uma certa versão de) saúde. A proibição de fumar em locais públicos, a implacável demonização da dieta da classe trabalhadora em programas como *Você é o que você come*, parecem já indicar que estamos na presença de um paternalismo sem pai. Não é que fumar seja "errado", e sim que nos impedirá de levar uma vida longa e agradável. Mas há limites para esta ênfase na boa saúde: a saúde mental e o desenvolvimento intelectual, por exemplo, quase não aparecem. O que vemos, em vez disso, é um modelo de saúde reducionista e hedônico que se limita ao "sentir-se bem e ter boa aparência". Dizer às pessoas como perder peso, ou como decorar a casa, é aceitável; mas exigir qualquer tipo de aperfeiçoamento cultural é ser opressivo e elitista. O alegado elitismo (e opressão) não pode consistir na noção de que um terceiro possa conhecer melhor os interesses de alguém, uma vez que, presumivelmente, os fumantes são considerados desavisados de seus interesses ou incapazes de agir em conformidade com eles. Não: o problema é que apenas certos tipos de interesses são considerados relevantes, uma vez que refletem valores considerados consensuais. Perder peso, decorar a sua casa e melhorar a sua aparência pertence ao regime "consentimental".[73]

Numa excelente entrevista para o Register.com, o documentarista Adam Curtis identifica os contornos deste regime de gestão afetiva.

A TV agora lhe diz o que sentir.

Já não lhe diz o que pensar. De *East Enders*[74] aos *reality shows*, você está sempre na jornada emocional das pessoas – e, através da edição, se sugere suavemente qual é a forma consentida de sentir. "Abraços e beijos", é como eu chamo.

Tirei isso de Mark Ravenhill, que escreveu um artigo muito bom que dizia que se você analisar a televisão agora verá um sistema de orientação – que nos diz quem está com "maus sentimentos" e quem está com "bons sentimentos". E a pessoa que está tendo os

---

[73] N. da T.: neologismo a partir de *consent* [permissão] e *sentimental*.
[74] N. da T.: novela tradicional da BBC, em exibição desde 1985.

maus sentimentos é redimida através de um momento de "abraços e beijos" no final. É realmente um sistema não de orientação moral, mas de orientação emocional.[75]

A moralidade foi substituída pelo sentimento. No "império do ego" todos "sentem o mesmo", sem nunca escapar de uma condição de solipsismo. "As pessoas sofrem", afirma Curtis,

> por estarem aprisionadas à elas mesmas – em um mundo de individualismo, todos estão presos dentro de seus próprios sentimentos, presos dentro de suas próprias imaginações. Nosso trabalho, como emissora de serviço público, é levar as pessoas para além dos limites do seu próprio ego, e se não fizermos isso, vamos continuar em decadência.
>
> A BBC precisa entender isso. Tenho uma visão idealista, mas se a BBC puder fazer isso, levar as pessoas para além dos seus próprios egos, ela conseguiria se renovar e passar por cima dos concorrentes. A concorrência está obcecada por servir as pessoas em seus pequenos egos. E de certa forma, na verdade, Murdoch, com todo o seu poder, está preso pelo ego. Esse é o seu trabalho, alimentar o ego.
>
> Na BBC, esse é o próximo passo. Isso não significa que vamos voltar aos anos 1950, e dizer às pessoas como se vestir, o que devemos fazer é dizer "podemos te libertar de você mesmo" – e as pessoas iriam amar isso.[76]

---

[75] Orlowski, Andrew; Curtis, Adam. "Adam Curtis: the TV elite has lost the plot". Em *The Register*. Disponível em: https://www.theregister.com/Print/2007/11/20/adam_curtis_interview/

[76] Idem.

Curtis ataca a internet porque, em sua opinião, ela facilita comunidades de solipsistas, redes interpassivas de mentes semelhantes que confirmam, ao invés de desafiar, os pressupostos e preconceitos de cada um. Em vez de terem de se confrontar com outros pontos de vista em um espaço público contestado, estas comunidades on-line recuam para circuitos fechados. Mas, Curtis argumenta, o impacto dos lobbies da internet sobre a velha mídia é duplamente desastroso: por um lado, a proatividade reativa dessas comunidades fechadas em si mesmas permite que a mídia abandone ainda mais sua função de educar e apontar caminhos, por outro, também abre espaço para que correntes populistas, tanto à esquerda quanto à direita, "constrinjam" os produtores de mídia a transmitir uma programação sedativa e medíocre.

A crítica de Curtis tem seus acertos, mas perde de vista dimensões importantes do que está acontecendo na internet. Ao contrário da narrativa de Curtis sobre os blogs, estes podem gerar novas redes discursivas que não têm correlação no campo social fora do ciberespaço. Na medida em que a velha mídia se torna cada vez mais subordinada às relações públicas, e a avaliação do consumidor substitui o ensaio crítico, algumas zonas do ciberespaço oferecem resistência a uma "compressão da crítica" que, em outros lugares, é deprimentemente propagada. Ainda assim, a simulação interpassiva de participação característica da mídia pós-moderna e o narcisismo em rede do MySpace e do Facebook, têm gerado, principalmente, conteúdo repetitivo, parasitário e conformista. Em uma aparente ironia, a recusa dos profissionais de mídia em serem "paternalistas" não produziu nenhuma cultura de-baixo-pra-cima de deslumbrante diversidade, mas, ao contrário, uma cultura cada vez mais infantilizada. Em contraste, uma postura "paternalista" trataria as audiências realmente como adultas, assumindo que podem lidar com produtos culturais complexos e intelectualmente exigentes. A razão pela qual as pesquisas de avaliação e os sistemas capitalistas de *feedback* falham, mesmo quando geram mercadorias imensamente populares, é que as pessoas não sabem o que querem. E não apenas porque o desejo das pessoas seja invisível a elas próprias, embora já presente (por mais que muitas vezes esse seja mesmo o caso). É que a forma mais poderosa de desejo é a busca, a ânsia, pelo estranho, pelo inesperado, pelo esquisito. Uma busca que só pode ser atendida por artistas e profissionais de comunicação que estão preparados para oferecer às pessoas algo diferente daquilo que já as satisfaz; ou seja, pelos que estão preparados para assumir algum tipo de risco. Uma *Supernanny* marxista não seria apenas aquela que coloca limites, que age em nome dos nossos próprios interesses quando não somos capazes de reconhecê-los, mas também aquela que está disposta a assumir esse tipo de risco, a apostar no estranho e no nosso apetite pelo esquisito. É mais do que uma ironia que a chamada "sociedade de risco" do capitalismo contemporâneo seja menos propensa a assumir este tipo de risco do que a cultura supostamente enfadonha e centralizada do consenso social do pós-guerra. Foram a BBC e o Canal 4, radiodifusoras orientadas ao serviço público, que me deixaram perplexo e encantado com *Tinker Tailor Soldier Spy*,[77] as peças de Pinter e os filmes de Tarkovsky; foi essa radiotransmissão pública que financiou o popular "*avant-gardismo*" do Workshop Radiofônico da BBC, que levou a experimentação sonora à vida cotidiana. Esses tipos de inovações são impensáveis agora que o público foi substituído pelo consumidor. O efeito da instabilidade estrutural permanente, o "cancelamento do longo prazo", é invariavelmente estagnação e conservadorismo – não inovação. Não se trata de um paradoxo. Como os

[77] N. da T.: minissérie de espionagem transmitida pela BBC em 1979, adaptação do romance de John Le Carré dirigida por John Irvin.

comentários de Adam Curtis deixam claro, o medo e o cinismo são os afetos dominantes no capitalismo tardio. Essas emoções não inspiram empreendimentos ousados ou saltos criativos: geram, ao contrário, conformidade e o culto da variação mínima, a distribuição de produtos que se assemelham muito aos que já se mostraram bem-sucedidos. Filmes como *Solaris* e *Stalker* de Tarkovsky – saqueados por Hollywood sem parar desde *Alien* e *Blade Runner* – foram produzidos nas condições ostensivamente moribundas do regime soviético sob Brezhnev; o que significa que a União Soviética acabou agindo como empreendedor cultural para o benefício de Hollywood. Uma vez que agora está claro que uma certa estabilidade é condição necessária para a efervescência cultural, a pergunta a ser feita é: como essa estabilidade pode ser fornecida, e por quais agentes?

Já é hora da esquerda parar de limitar as suas ambições ao estabelecimento de um "Estado forte". Mas manter uma "distância do Estado" não significa abandonar o Estado, nem recuar para o espaço privado dos afetos e da diversidade, o que, como diz Žižek com razão, é o complemento perfeito à dominação do Estado pelo neoliberalismo. Significa, no entanto, reconhecer que o objetivo de uma esquerda genuinamente nova não deve ser o de tomar o Estado, mas subordinar o Estado à vontade geral. O que envolve, naturalmente, ressuscitar o próprio conceito de vontade geral, reavivando – e modernizando – a ideia de um espaço público que não é redutível a um agregado de indivíduos e seus interesses. O "individualismo metodológico" característico da cosmovisão do que temos chamado de "realismo capitalista" pressupõe a filosofia de Max Stirner tanto quanto a de Adam Smith ou Hayek, uma vez que considera noções tais como o público como "*spooks*" [espectros], abstrações fantasmáticas desprovidas de conteúdo. Tudo o que é real é o indivíduo (e suas famílias).[78] Os sintomas do fracasso desta cosmovisão estão em toda parte: um esfera social desintegrada, com tiroteios entre adolescentes se tornando notícia corriqueira e hospitais incubando superbactérias agressivas etc. O que precisamos é que esses efeitos sejam conectados a uma causa estrutural. Contra a suspeita pós-moderna em relação às "grandes narrativas", precisamos reafirmar que, longe de serem problemas isolados e contingentes, todos esses são efeitos de uma única causa sistêmica: o capital. Precisamos começar, como se pela primeira vez, a desenvolver estratégias contra um capital que se apresenta tanto ontologicamente quanto geograficamente de maneira ubíqua.

Apesar do que podia parecer em um primeiro momento (e das esperanças iniciais), o realismo capitalista não foi quebrado pela crise de crédito de 2008. As especulações de que o capitalismo estaria à beira do colapso se mostraram infundadas. Rapidamente ficou claro que, longe de significar o fim do capitalismo, os resgates dos bancos foram uma reafirmação brutal da insistência do realismo capitalista de que não há alternativa. Permitir que o sistema bancário entrasse em colapso foi considerado *impensável*: o que se seguiu foi uma vasta hemorragia de dinheiro público para mãos privadas. No entanto, o que de fato aconteceu em 2008 foi o colapso do quadro conceitual que garantiu a cobertura ideológica para a acumulação capitalista desde a década de 1970. Depois dos resgates dos bancos, o neoliberalismo foi, em todos os sentidos, desacreditado. O que não

---

[78] N. da T.: referência à famosa frase de Margaret Thatcher em uma entrevista de 1987: "Eles estão endereçando seus problemas à sociedade. E, você sabe, essa coisa de sociedade sociedade não existe. O que existe são homens e mulheres individuais, e famílias. E nenhum governo pode fazer nada, exceto através das pessoas, e as pessoas devem cuidar primeiro de si mesmas".

quer dizer que o neoliberalismo tenha desaparecido da noite para o dia. Suas suposições continuam a dominar a economia política, porém não mais como parte de um projeto ideológico que desfruta uma dinâmica de avanço confiante, na ofensiva. O neoliberalismo perdeu a iniciativa, e persiste inercialmente, desmorto,[79] como um zumbi. Podemos ver agora que, embora o neoliberalismo fosse necessariamente "realista capitalista", o realismo capitalista não precisa ser neoliberal. Para se salvar, o capitalismo poderia voltar a um modelo social-democrata ou a um autoritarismo do tipo que se vê no filme *Filhos da Esperança*. Sem uma alternativa crível e coerente ao capitalismo, o realismo capitalista continuará a governar o inconsciente político-econômico.

Ainda que seja evidente que a crise financeira não levará ao fim do capitalismo por si só, a crise levou ao relaxamento de certo tipo de paralisia mental. Estamos em uma paisagem política poluída pelo o que Alex Williams chamou de "entulho ideológico" – é novamente o ano zero, e começou a se abrir um espaço de onde poderia emergir um novo anticapitalismo, não necessariamente ligado a velhas tradições e linguagens. Um dos vícios crônicos da esquerda é a interminável repetição de antigos debates históricos, sua tendência a continuar passando por Kronstadt ou pela Nova Política Econômica ao invés de planejar e organizar um futuro no qual realmente acredita. O fracasso de formas anteriores de organização política anticapitalista não deve ser motivo de desespero, mas o que precisa ser deixado para trás é um certo apego romântico à política do fracasso,

---

[79] N. da T.: o termo *"undead"* foi traduzido aqui como desmorto, uma vez que a designação do living-dead (morto-vivo) cabe para designações de relações distintas entre os paradoxos entre vida e morte. Para mais sobre este tema, conferir a coleção *Ensaios sobre mortos-vivos: Vol. I e II* pela Editora Aller (2018 e 2019).

à posição confortável de uma marginalidade derrotada. A crise financeira é uma oportunidade – mas precisa ser tratada como um tremendo desafio especulativo, um estímulo para uma renovação que não é um retorno. Como Badiou tem insistido vigorosamente, um anticapitalismo efetivo deve ser um rival do capital, não uma resposta reativa ao capitalismo. Não é possível retornar às territorialidades pré-capitalistas. O anticapitalismo deve se opor à globalização do capital com sua própria, e autêntica, universalidade.

É crucial que uma esquerda genuinamente revitalizada ocupe com confiança o novo terreno político que esbocei (de forma muito provisória) aqui. Nada é inerentemente político: a politização requer um agente político que possa transformar o que é tido como garantido em algo a ser disputado. Se o neoliberalismo conseguiu triunfar ao incorporar os desejos da classe trabalhadora pós-1968, uma nova esquerda poderia começar agindo sobre os desejos que o neoliberalismo gerou, mas que não foi capaz de satisfazer. Por exemplo, a esquerda deveria argumentar que pode entregar o que o neoliberalismo falhou em fazer: uma redução massiva da burocracia. O que se faz necessário é travar uma nova batalha em torno do trabalho e de seu controle; uma afirmação da autonomia do trabalhador (em oposição ao controle gerencial) juntamente com a rejeição de certos tipos de trabalho (como a auditoria excessiva que se tornou uma característica tão central do trabalho no pós-fordismo). Esta é uma luta que pode ser vencida – mas apenas por meio da composição de um novo sujeito político. É uma questão ainda em aberto se as velhas estruturas (como os sindicatos) serão capazes de nutrir essa subjetividade, ou se ela implicará na formação de organizações políticas inteiramente novas. Novas formas de ação industrial devem ser instituídas contra o gerencialismo. Por exemplo, no caso dos professores talvez a tática das greves devesse ser abandonada, porque prejudicam apenas estudantes e membros da comunidade (no instituto onde trabalhava, as greves de um dia eram bem-vindas pela gerência, porque economizavam na folha salarial causando uma perturbação insignificante). O que é necessário é a recusa estratégica de formas de trabalho que só serão notadas pela gerência: por exemplo, todos os mecanismos de autovigilância que não têm qualquer efeito sobre a atividade educativa, mas sem os quais o gerencialismo não tem como existir. É hora dos sindicatos dos professores abandonarem a política gestual e espetacular em torno de causas nobres, mas distantes, para se tornarem muito mais imanentes, aproveitando a oportunidade aberta pela crise para começar a livrar os serviços públicos da ontologia empresarial. Em um momento em que nem mesmo as empresas privadas podem ser administradas como empresas, por que os serviços públicos deveriam ser?

Devemos converter os problemas generalizados de saúde mental com condições medicalizadas em antagonismos efetivos. Os transtornos afetivos são formas de descontentamento capturado; essa insatisfação pode e deve ser canalizada para fora, direcionada para a sua verdadeira causa, o capital. Além disso, a proliferação de certos tipos de patologias psíquicas no capitalismo tardio deveriam nos levar a considerar outro tipo de austeridade, também oportuna frente à crescente urgência de enfrentar o desastre ambiental. Nada contradiz mais o imperativo de crescimento constitutivo do capitalismo do que a ideia de racionamento de bens e recursos. No entanto, é cada vez mais desconfortavelmente evidente que o mercado e a autorregulação dos consumidores não serão o bastante para evitar a catástrofe ambiental. Há razões libidinais, assim como práticas, para essa nova ascese. Se, como Oliver James, Žižek e *Supernanny* já demonstraram, a permissividade ilimitada leva à miséria e ao desamor, então é provável que as limitações impostas ao desejo possam contribuir a fortalecê-lo, ao invés de matá-lo.

Em qualquer caso, o racionamento de algum tipo é inevitável. A questão é se ele será gerenciado coletivamente, ou se ele será imposto por meios autoritários, quando já for tarde demais. As formas que essa gestão coletiva deve assumir são, mais uma vez, uma questão em aberto, que só pode ser resolvida de forma prática e experimental.

A longa e escura noite do fim da história deve ser encarada como uma enorme oportunidade. A própria generalidade opressiva do realismo capitalista significa que mesmo tênues vislumbres de possibilidades políticas e econômicas alternativas são capazes de gerar um efeito desproporcionalmente grande. O menor dos eventos pode abrir um buraco na cinzenta cortina reacionária que encurtou os horizontes de possibilidade sob o realismo capitalista. De uma situação em que nada pode acontecer, de repente tudo é possível de novo.

Apêndice

Não prestar para nada[80]

Sofro intermitentemente de depressão desde a adolescência. Alguns desses episódios foram profundamente debilitantes – resultando em auto-mutilação, isolamento (quando passava meses confinado em meu próprio quarto, aventurando-me a sair apenas para procurar emprego ou para comprar as quantidades mínimas de comida que consumia), e visitas frequentes a enfermarias psiquiátricas. Não diria que me recuperei inteiramente dessa condição, mas tenho satisfação de dizer que tanto a incidência quanto a gravidade dos episódios depressivos diminuíram muito nos últimos anos. Em parte, isso é consequência de mudanças na minha situação de vida, mas também tem a ver com uma distinta compreensão a que cheguei sobre minha depressão e suas causas. Exponho aqui minhas próprias experiências de angústia mental não porque ache que há algo especial ou único sobre elas, mas em apoio à tese de que muitas formas de depressão são melhor compreendidas – e combatidas – por meio de quadros analíticos impessoais e políticos, e não individuais e "psicológicos".

Escrever sobre sua própria depressão é difícil. Faz parte da depressão uma voz "interior" desdenhosa que nos acusa de autoindulgência – "você não está deprimido", "você está apenas sentindo pena de si mesmo", "dê um jeito nisso" –, passível de ser disparada ao tornarmos pública a condição. É claro que não

---

[80] "Good for Nothing" em *Occupied Times*, 19 de março 2014. Disponível em: https://theoccupiedtimes.org/?p=12841. Traduzido para o português por Victor Marques.

se trata bem de uma voz "interior", e sim da expressão internalizada de forças sociais reais, algumas das quais têm um interesse oculto em negar qualquer conexão entre depressão e política.

No meu caso, a depressão sempre esteve conectada à convicção de que eu literalmente não prestava para nada. Passei a maior parte de minha vida, até os trinta anos, acreditando que nunca conseguiria ter uma profissão. Aos vinte e poucos, alternava entre a pós-graduação, períodos de desemprego e empregos temporários. Em qualquer um desses casos, o sentimento era de que não me encaixava – na vida acadêmica, porque sentia que não era um pesquisador sério, apenas um diletante que tinha de alguma forma fraudado meu caminho até ali; no desemprego, porque não estava realmente desempregado como aqueles que buscavam trabalho honestamente, e sim um "vagabundo" se aproveitando do sistema; e em empregos temporários por sentir que era incompetente e que, em todo caso, não pertencia exatamente a trabalhos de escritório ou de fábrica, não porque fosse "bom demais" para eles, mas – muito pelo contrário – em virtude de ser excessivamente instruído e inútil, tirando o trabalho de alguém que precisava e merecia mais do que eu. Mesmo na enfermaria psiquiátrica, sentia como se não estivesse realmente deprimido – era como se estivesse apenas simulando a condição para evitar o trabalho, ou, na lógica infernalmente paradoxal da depressão, simulando-a para esconder o fato de que eu era incapaz de trabalhar, e que não havia lugar para mim na sociedade.

Quando finalmente consegui um emprego como professor em um instituto de Educação Complementar, fiquei exultante por um tempo – embora esta alegria, por sua própria natureza, mostrasse que eu ainda não havia me livrado do sentimento de inutilidade, o que logo desencadearia novos episódios depressivos. Como professor, faltava-me a confiança serena de quem nasceu para o papel. Em algum nível não muito profundo, eu evidentemente ainda não acreditava que fosse o tipo de pessoa que poderia fazer um trabalho como aquele.

Mas de onde vinha essa crença? A escola dominante de pensamento em psiquiatria localiza as origens de tais 'crenças' no mau funcionamento da química cerebral, que deve ser corrigido por produtos farmacêuticos; a psicanálise e demais formas de terapia por ela influenciadas são famosas por procurar as raízes da angústia mental no contexto familiar, enquanto a Terapia Cognitiva-Comportamental está menos interessada em localizar a fonte de crenças negativas do que em simplesmente substituí-las por um conjunto de alternativas positivas. Não é que esses modelos sejam inteiramente falsos, é que eles deixam escapar – e necessariamente têm que deixar escapar – a causa mais provável de tais sentimentos de inferioridade: o poder social. A forma de poder social que mais teve efeito sobre mim foi o poder de classe, embora, naturalmente, o gênero, a raça e outras formas de opressão funcionem produzindo o mesmo sentimento de inferioridade ontológica, melhor expressado justamente no pensamento que articulei acima: que você não é o tipo de pessoa capaz de desempenhar papéis destinados ao grupo dominante.

Por recomendação de um dos leitores do meu livro *Realismo capitalista*, comecei a estudar o trabalho de David Smail. Smail – um terapeuta, mas que tomou a questão do poder como central para sua prática – corrobora as hipóteses sobre a depressão nas quais havia esbarrado por acaso. Em seu livro crucial, *The origins of unhappiness* [As origens da infelicidade], Smail descreve como as marcações de classe são projetadas para serem inabaláveis. Para aqueles que foram ensinados desde o nascimento a se verem como inferiores, a aquisição de qualificações ou renda raramente será suficiente para apagar – em suas próprias mentes ou na mente dos outros – o sentimento primordial de inutilidade que os marca tão cedo na vida. Alguém que sai da esfera social a qual estaria "designado" a ocupar estará sempre sujeito ao perigo de ser dominado por sentimentos de vertigem, pânico e horror: "... isolado, separado, cercado de espaço hostil, você de repente se vê sem conexões, sem estabilidade, sem nada para mantê-lo firme ou no lugar; uma irrealidade vertiginosa e nauseante se apossa de você; você se vê ameaçado por uma completa perda de identidade, um sentimento de completa fraude; você não tem o direito de estar aqui, agora, habitando este corpo, se vestindo desta maneira; você é um nada, e 'nada' é, literalmente, o que você sente que está prestes a se tornar".

Já há algum tempo, uma das táticas mais bem-sucedidas da classe dominante tem sido a da "responsabilização". Cada membro individual da classe subordinada é encorajado a sentir que sua pobreza, falta de oportunidades, ou desemprego é culpa sua e somente sua. Os indivíduos culparão a si mesmos antes de culparem as estruturas sociais; estruturas que, em todo caso, foram induzidos a acreditar que de fato não existem (são apenas desculpas, invocadas pelos fracos). O que Smail chama de "voluntarismo mágico" – a crença de que está dentro do poder de cada indivíduo se tornar o que quer que seja – é a ideologia dominante e a religião não oficial da sociedade capitalista contemporânea, empurrada goela abaixo tanto pelos "experts" da TV e gurus de negócios quanto pelos políticos. O voluntarismo mágico é ao mesmo tempo um efeito e uma causa do nível historicamente baixo da consciência de classe. É o outro lado da depressão – cuja convicção subjacente é a de que somos todos exclusivamente responsáveis pela nossa própria miséria e, portanto, a merecemos. Um duplo imperativo particularmente cruel é imposto aos desempregados de longa duração no Reino Unido: uma população que, durante toda a sua vida, foi levada a acreditar que não prestava para nada é simultaneamente bombardeada pela injunção de que pode fazer tudo o que quiser.

Devemos entender a submissão fatalista da população do Reino Unido à austeridade como consequência de uma depressão deliberadamente cultivada. Esta depressão manifesta-se na aceitação de que as coisas vão piorar (para todos, exceto para uma pequena elite), que somos sortudos de ter um emprego (então não devemos esperar que os salários acompanhem a inflação), que não podemos nos dar ao luxo de bancar serviços públicos providos coletivamente. A depressão coletiva é o resultado do projeto da classe dominante de ressubordinação. Há algum tempo, temos cada vez mais nos resignado à ideia de que não somos o tipo de pessoa que pode agir. Esta não é uma falha de vontade individual, da mesma forma que uma pessoa deprimida não pode simplesmente sair da depressão em um "estalar de dedos" ao "arregaçar as mangas". A reconstrução da consciência de classe é, de fato, uma tarefa formidável, que não será alcançada com soluções prontas e fáceis. Mas, ao contrário do que nossa depressão coletiva nos diz, é uma tarefa que pode ser realizada: inventando novas formas de envolvimento político, revitalizando instituições que se tornaram decadentes, convertendo o descontentamento privatizado em raiva politizada. Tudo isso pode acontecer, e, quando acontecer, quem sabe o que será possível?

Como matar um zumbi: elaborando estratégias para o fim do neoliberalismo[81]

Por que a esquerda tem feito tão pouco progresso, cinco anos após uma grande crise do capitalismo ter desacreditado o neoliberalismo? Desde 2008, o neoliberalismo pode ter perdido o febril impulso para a frente que um dia possuiu, mas está longe de colapsar. Segue agora cambaleando como um zumbi – mas como os fãs de filmes de zumbis sabem muito bem, às vezes é mais difícil matar um zumbi do que uma pessoa viva.

Em uma conferência em York, a notória observação de Milton Friedman foi citada várias vezes: "apenas uma crise – real ou assim percebida – produz mudança de verdade. Quando essa crise ocorre, as ações tomadas dependem das ideias circulando por aí. Essa, acredito, é nossa função básica: desenvolver alternativas às políticas existentes, mantê-las vivas e disponíveis até que o politicamente impossível se torne politicamente inevitável". O problema é que muito embora a crise de 2008 tenha sido causada por políticas neoliberais, essas mesmíssimas políticas permanecem praticamente as únicas "circulando por aí". Como consequência, o neoliberalismo ainda mantém-se politicamente inevitável.

---

[81] "How to kill a zombie: strategising the end of neoliberalism" em openDemocracy, 18 de julho de 2013. Disponível em: https://www.opendemocracy.net/en/how-to-kill-zombie-strategizing-end-of-neoliberalism/. Traduzido para o português por Victor Marques e Everton Lourenço.

Não está claro, de modo algum, que o público tenha alguma vez abraçado doutrinas neoliberais com muito entusiasmo – mas as pessoas foram persuadidas à ideia de que não há alternativa ao neoliberalismo. A aceitação (tipicamente relutante) deste estado de coisas é a marca do realismo capitalista. O neoliberalismo pode não ter tido sucesso em se fazer mais atrativo do que outros sistemas, mas conseguiu se vender como o único modo "realista" de governo. "Realismo", nesse sentido, é uma conquista política; o neoliberalismo teve sucesso em impor um tipo de realidade modelado sobre práticas e premissas vindas do mundo dos negócios.

O neoliberalismo consolidou o descrédito do socialismo estatal, assentando uma visão da história na qual se apropriava do futuro e relegava a esquerda à obsolescência. A estratégia capturou o descontentamento com o esquerdismo burocrático centralizado, absorvendo e metabolizando com sucesso os desejos de liberdade e autonomia que emergiram na esteira dos anos 1960. Mas – e este ponto é crucial – *isso não significa que aqueles desejos inevitavelmente e necessariamente levassem à ascensão do neoliberalismo.* Ao contrário, podemos ver o sucesso do neoliberalismo como um sintoma do fracasso da esquerda em responder adequadamente àqueles novos desejos. Como Stuart Hall e outros envolvidos com o projeto *New Times* [Novos Tempos] nos anos 1980 insistiram profeticamente, este fracasso se provaria catastrófico para a esquerda.

O "realismo capitalista" pode ser descrito como a crença de que não há alternativa ao capitalismo. Entretanto, isso não se manifesta normalmente em reivindicações grandiosas sobre economia política, mas em comportamentos e expectativas mais banais, tais como nossa fatigada aceitação de que os salários e as condições (de vida e trabalho) vão se estagnar ou deteriorar.

O realismo capitalista tem sido vendido para nós por gerentes (muitos dos quais se veem como pessoas de esquerda) que nos dizem que os tempos agora são outros. A era da classe trabalhadora organizada acabou; o poder sindical está recuando; as empresas agora dão as cartas, e temos que entrar na linha. O trabalho de autovigilância que se exige rotineiramente dos trabalhadores – todas aquelas auto avaliações, revisões de performance, livros de registro – seria, como nos é dito, um preço pequeno a pagar para manter nossos empregos.

Tomemos o Quadro de excelência em pesquisa[82] – um sistema para avaliar a produção de pesquisa por acadêmicos no Reino Unido. Esse sistema massivo de monitoramento burocrático é amplamente odiado por aqueles sujeitados a ele, mas até agora nenhuma oposição real foi adotada. Esta situação dupla – em que algo é detestado, mas ao mesmo tempo é realizado – é típica do realismo capitalista, e é particularmente pungente no caso da academia, uma das supostas fortalezas da esquerda.

O realismo capitalista é uma expressão da decomposição de classe, e uma consequência da desintegração da consciência de classe. Fundamentalmente, o neoliberalismo deve ser visto como um projeto que buscava atingir este fim. Seu compromisso – pelo menos não na prática – não era libertar os mercados do controle estatal. Tratava-se, na verdade, de subordinar o Estado ao poder do capital. Como David Harvey defende incansavelmente, o neoliberalismo foi um projeto político cujo objetivo era reafirmar o poder de classe.

Conforme as fontes tradicionais de poder da classe trabalhadora foram derrotadas ou subjugadas, as doutrinas neoliberais serviram como armas em uma guerra travada cada vez mais por um lado só. Conceitos como "mercado" e "competição" têm

---

[82] N. da E.: no original Research Excellence Framework (REF). É uma avaliação de impacto das pesquisas de instituições de ensino superior britânicas. Foi usado pela primeira vez em 2014 para avaliar o período de 2008 a 2013.

funcionado não como os verdadeiros fins de políticas neoliberais, mas como seus mitos orientadores e álibi ideológico. O capital não tem interesse na saúde dos mercados ou na competição. Como Manuel DeLanda tem argumentado, seguindo Fernand Braudel, o capitalismo, com sua tendência em direção a monopólios e oligopólios, pode ser definido com mais precisão como *antimercado*, e não como um sistema que promova o desenvolvimento saudável destes.

David Blacker observa de forma mordaz em seu próximo livro, *The falling rate of learning and the neoliberal endgame* [A taxa decrescente de aprendizado e o fim-de-jogo neoliberal], que as virtudes da "competição" devem "convenientemente ser reservadas apenas para as massas. Competição e risco são para pequenos negócios e pessoas pequenas como empregados do setor privado ou público". A invocação da competição tem funcionado como arma ideológica – o alvo real é a destruição da solidariedade e, enquanto tal, o sucesso tem sido notável.

Competição em educação (tanto entre instituições como entre indivíduos) não é algo que emerge espontaneamente uma vez que a regulação estatal seja removida – pelo contrário, é algo produzido ativamente por novos tipos de controle estatal. O Quadro de excelência em pesquisa e o regime de inspeções escolares supervisionadas no Reino Unido pela OFSTED são ambos exemplos clássicos desta síndrome.

Uma vez que não existe uma forma automática de "mercantilizar" a educação e outros serviços públicos, e não existe uma forma direta de quantificar a "produtividade" de trabalhadores tais como professores, a imposição da disciplina dos negócios tem significado a instalação de maquinários burocráticos colossais. Assim, uma ideologia que prometia nos libertar da burocracia estatal socialista tem, bem ao contrário, imposto uma burocracia toda própria.

Isso só parece um paradoxo se tomarmos o neoliberalismo em suas próprias palavras – mas neoliberalismo não é liberalismo clássico. Não tem nada a ver com *laissez faire*. Como Jeremy Gilbert argumenta, desenvolvendo a análise presciente de Foucault sobre neoliberalismo, o projeto neoliberal sempre foi sobre policiar vigilantemente um modelo de individualismo; os trabalhadores têm de ser vigiados continuamente pois podem sempre deslizar para a coletividade.

Se nos recusarmos a aceitar as justificativas neoliberais – de que sistemas de controle trazidos dos negócios pretendiam aumentar a eficiência dos trabalhadores – então se torna claro que a ansiedade produzida pelo Quadro de excelência em pesquisa e outros mecanismos gerencialistas não são efeitos colaterais acidentais desses sistemas – são seu real objetivo.

E se o neoliberalismo não vai colapsar por si mesmo, o que pode ser feito para acelerar sua derrocada?

Rejeitar estratégias que não funcionam

Em um diálogo entre Franco 'Bifo' Berardi e eu, publicado na revista *Frieze*, Berardi falou da "nossa impotência teórica atual em face do processo desumanizante provocado pelo capitalismo financeiro". "Eu não posso negar a realidade", Berardi continuou, "que me parece ser esta: a última onda do movimento – digamos que entre 2010 e 2011 – foi uma tentativa de revitalizar uma subjetividade de massa. Essa tentativa falhou: temos sido incapazes de interromper a agressão financeira. O movimento agora desapareceu, emergindo apenas na forma de explosões fragmentárias de desespero".[83]

---

[83] Disponível em: https://frieze.com/article/give-me-shelter-mark-fisher.

Bifo, um dos ativistas envolvidos com o chamado movimento autonomista na Itália dos anos 1970, identifica aqui o ritmo que tem definido a luta anticapitalista desde 2008: emocionantes explosões de militância que recuam tão rapidamente quanto irrompem, sem produzir qualquer mudança que se sustente no tempo. Ouço os comentários de Bifo como um réquiem para as estratégias "horizontalistas" que têm dominado o anticapitalismo desde os anos 1990. O problema com estas estratégias não são seus (nobres) objetivos – a abolição da hierarquia, a rejeição do autoritarismo – mas sua eficácia. Hierarquia não pode ser abolida por decreto, e um movimento que fetichiza a forma organizacional acima de sua eficiência concede terreno para o inimigo. O desmantelamento das várias formas existentes de estratificação será um processo longo, árduo e repleto de atrito; não é simplesmente uma questão de evitar líderes (oficiais) e adotar formas "horizontais" de organização.

Certo "horizontalismo neo-anarquista" tende a favorecer estratégias de *ação direta* e *retirada* – as pessoas precisam tomar medidas agora e por si mesmas, não esperar que representantes eleitos e comprometidos ajam em seu lugar; ao mesmo tempo, elas devem se retirar de instituições que são – não contingentemente, mas necessariamente – corruptas.

A ênfase na *ação direta*, contudo, oculta um desespero sobre a possibilidade de *ação indireta*. Todavia, é através de ação indireta que o controle de narrativas ideológicas é alcançado. Ideologia não é o que você ou eu acreditamos espontaneamente, mas sim o que acreditamos que os *outros* acreditam – e esta crença ainda é determinada em grande medida pelo conteúdo da mídia convencional.

A doutrina neo-anarquista sustenta que deveríamos abandonar a mídia convencional e o Congresso – mas esse nosso abandono somente permitiu que os neoliberais estendessem seu poder e influência. A direita neoliberal pode pregar o fim do Estado, mas apenas enquanto assegura seu controle sobre os governos.

Só a esquerda horizontalista acredita na retórica da obsolescência do Estado. O perigo da crítica neo-anarquista é que ela essencializa o Estado, a democracia parlamentar e a "mídia convencional" – essas coisas não são estáticas, fixas para sempre. São terrenos mutáveis a serem disputados, e as formas que assumem agora são elas mesmas efeitos de lutas prévias. Parece, às vezes, que os horizontalistas querem ocupar tudo, *exceto* o congresso e a mídia convencional. Mas por que não ocupar o Estado e a mídia também? Assim, o neo-anarquismo, longe de ser um desafio ao realismo capitalista, aparece como um de seus efeitos. Esse fatalismo anarquista – segundo o qual é mais fácil imaginar o fim do capitalismo do que um Partido Trabalhista de esquerda – é o complemento da insistência do *realismo capitalista* de que não existe alternativa ao capitalismo.

Nada disso significa que ocupar a mídia convencional ou a política eleitoral será o bastante por si só. Se o Novo Trabalhismo nos ensinou alguma coisa, foi que ganhar o governo não é de forma alguma a mesma coisa que conquistar a hegemonia. Contudo, sem uma estratégia parlamentar de algum tipo, os movimentos de rua seguirão naufragando e colapsando. A tarefa é estabelecer os vínculos entre as energias extra-parlamentares dos movimentos e o pragmatismo daqueles no interior das instituições existentes.

Retreinar-nos para adotar uma mentalidade de guerra

Se quisermos considerar a desvantagem mais significativa do horizontalismo, no entanto, pense sobre como ele aparece pela perspectiva do inimigo. O capital deve se deleitar com a popularidade dos discursos horizontalistas no nosso movimento.

Você preferiria enfrentar um inimigo cuidadosamente coordenado ou um que toma decisões através de "assembleias" que duram 9 horas?

O que não quer dizer que devamos recair na fantasia consoladora de que qualquer tipo de retorno ao leninismo da velha escola seja possível ou desejável. O fato de nos ter sobrado uma escolha entre leninismo e anarquismo é uma medida da atual impotência esquerdista.

É crucial deixar para trás este binarismo estéril. A luta contra o autoritarismo não precisa implicar em neo-anarquismo, assim como organização eficaz não requer necessariamente um partido leninista. O que é necessário, no entanto, é levar a sério o fato de que estamos enfrentando um inimigo que não tem nenhuma dúvida de que está em uma guerra de classes e que dedica muitos de seus enormes recursos treinando sua gente para travar essa guerra. Há uma boa razão pela qual os estudantes de MBA lêem *A arte da guerra* e, se quisermos avançar, estamos obrigados a redescobrir o desejo de ganhar e a confiança de que podemos ganhar.

Devemos, para tanto, aprender a superar certos hábitos de pensamento antiestalinista. O perigo não é mais, e já não tem sido por algum tempo, o excessivo fervor dogmático da nossa parte. Ao contrário, a Esquerda pós-1968 sofre da tendência a sobrevalorizar uma capacidade negativa de permanecer em dúvida, ceticismo e incertezas – que pode bem ser uma virtude estética, mas é um vício político. A autodúvida que tem sido endêmica na esquerda desde os anos 1960 não se encontra em evidência na direita – uma das razões pelas quais eles têm sido tão bem sucedidos em impor seu programa. Muitos na esquerda agora tremem ao mero pensamento de formular um programa, quanto mais de "impor" um. Mas temos que desistir da crença de que as pessoas irão espontaneamente virar à Esquerda, ou de que o neoliberalismo entrará em colapso sem que nós ativamente o desmantelemos.

Repensar a solidariedade

A antiga solidariedade que o neoliberalismo decompôs foi-se de vez, para nunca mais voltar. Mas isso não significa que tenhamos que estar presos ao individualismo atomizado. Nosso desafio agora é reinventar a solidariedade. Alex Williams desenvolveu a sugestiva formulação de uma "plasticidade pós-fordista" para descrever como essa nova solidariedade poderia se parecer. Como Catherine Malabou demonstrou, *plasticidade* não é a mesma coisa que *elasticidade*. Elasticidade é o equivalente à flexibilidade que o neoliberalismo exige de nós, na qual temos que assumir uma forma imposta de fora. Mas plasticidade é outra coisa: implica adaptabilidade e resiliência, uma capacidade para modificação, mas que também mantém uma "memória" de encontros anteriores.

Repensar a solidariedade nestes termos pode nos ajudar a abandonar algumas suposições esgotadas. Este tipo de solidariedade não implica necessariamente uma unidade geral ou um controle centralizado. Mas mover-se para além da unidade não nos conduz, necessariamente, à planicidade do horizontalismo. Em lugar da rigidez da unidade – cuja aspiração, ironicamente, contribuiu para o notório sectarismo da Esquerda – precisamos da coordenação de diversos grupos, recursos e desejos. Nesse sentido, a direita tem conseguido ser "pós-moderna" melhor do que nós, construindo coalizões bem sucedidas de grupos de interesse heterogêneos sem a necessidade de uma unidade global. Devemos aprender com eles, para começar a tecer um mosaico semelhante no nosso lado. Este é mais um problema logístico do que um problema filosófico.

Além da plasticidade da forma organizacional, precisamos também prestar atenção à plasticidade do desejo. Freud nos ensinou que os impulsos libidinais são "extraordinariamente plásticos". Se o desejo não é uma essência biológica fixa, então também não há nada como um desejo natural pelo capitalismo. O desejo é sempre composto. Anunciantes, marqueteiros e consultores de relações públicas sempre souberam disso e a luta contra o neoliberalismo exigirá que saibamos construir um modelo alternativo de desejo capaz de competir com aquele empurrado pelos técnicos libidinais do capital.

O certo é que estamos agora em um deserto ideológico no qual o neoliberalismo é dominante apenas por inércia. O terreno está em disputa e a observação de Friedman deve nos servir de inspiração: é *nossa* tarefa desenvolver alternativas às políticas existentes, mantê-las vivas e disponíveis até que o politicamente impossível se torne politicamente inevitável.

Não falhar melhor: lutar pra ganhar[84]

O realismo capitalista, resumindo brevemente, pode ser visto tanto como uma crença quanto como uma atitude. É a crença de que o capitalismo é o único sistema econômico viável, uma simples reafirmação da antiga máxima thatcherista: "não há alternativa". Não se trata necessariamente da ideia de que o capitalismo é um sistema particularmente bom, mas sim de persuadir as pessoas a acreditarem que é o único sistema viável e que a construção de uma alternativa é impossível. Que o descontentamento seja praticamente universal não muda em nada o fato de que não parece haver alternativa viável ao capitalismo – não muda a crença de que o capitalismo ainda possui todas as cartas na mesa e que não há nada que possamos fazer sobre isso.

O declínio dos sindicatos é provavelmente o maior fator na consolidação do realismo capitalista para os cidadãos comuns. Hoje nos encontramos em uma situação em que todos desprezam os banqueiros e o capitalismo financeiro, assim como o nível de controle que eles detêm sobre nossas vidas. Todos estão horrorizados com a pilhagem, a evasão fiscal e assim por diante, mas ao mesmo tempo há esse sentimento de que não podemos fazer nada a respeito. E por que esse sentimento cresceu tão intensamente? É porque não há mais um agente mediador

---

[84] "Not Failing Better, but Fighting To Win" em *Weekly Worker*, 1 de novembro de 2012. Disponível em: https://weeklyworker.co.uk/worker/936/mark-fisher-not-failing-better-but-fighting-to-win/ Traduzido para o português por Giuliana Almada e publicado na Revista Jacobin sob o titulo de "Não há honra no fracasso".

entre os sentimentos das pessoas e a capacidade que elas têm de organização. Consequentemente, mesmo que o descontentamento seja generalizado, na falta desse agente coletivo o descontentamento permanecerá restrito ao nível individual.

Isso se converte facilmente em depressão – essa é uma das histórias que tento contar no meu livro, *Realismo capitalista*. Trato da associação entre pós-política, pós-ideologia, a ascensão do neoliberalismo e a ascensão conjunta da depressão, particularmente entre os jovens. Chamo esse processo de "privatização do estresse".

Não quero colocar tudo na conta do declínio sindical – os sindicatos são apenas um exemplo de algo que foi retirado da infraestrutura psíquica e política da vida das pessoas nos últimos quarenta anos. No passado, se seu salário e condições de trabalho piorassem, você poderia ir a um sindicato e se organizar, enquanto agora, se o estresse no trabalho aumentar, somos encorajados a enxergá-lo como um problema unicamente nosso, privado, e a lidar com ele individualmente. Somos obrigados a lidar com esse sofrimento por meio de automedicação, antidepressivos (cada vez mais amplamente prescritos), ou, se tivermos sorte, com terapia. Mas essas preocupações – experimentadas agora como patologias psíquicas individuais – não têm raízes na química cerebral: residem no campo social mais amplo. Como não há mais um agente, um mediador, para uma ação de classe coletiva, não há como abordar esse campo social mais amplo.

Outra maneira de chegar a essa história é através da reestruturação do capital no final dos anos 1970 e início dos anos 80, com a chegada do pós-fordismo. Isso significava o uso crescente de condições precárias no trabalho, produção just-in-time e a temida "flexibilidade": precisamos nos curvar ao capital, não importa o que o capital queira; somos obrigados a nos curvar a ele. Por um lado, havia esse tipo de punição, mas também houve o aparecimento de incentivos nos anos 1980: o neoliberalismo não apenas martelava os trabalhadores; também encorajou as pessoas a não se identificarem mais como trabalhadoras. Seu sucesso foi conseguir seduzir as pessoas para fora dessa identificação e para fora da consciência de classe.

A genialidade no cerne do thatcherismo pode ser vista no programa de venda de moradias sociais no Reino Unido, porque, junto ao simples incentivo de possuir uma casa própria, havia a narrativa sobre o tempo e a história, segundo a qual Margaret Thatcher estava disposta a tornar sua vida mais livre, se opondo aos burocratas centralizadores e reacionários, que queriam controlar sua vida. Isso envolveu uma exploração muito bem-sucedida dos desejos que haviam crescido, principalmente, desde os anos 1960.

Parte do problema aqui foi a ausência de uma resposta de esquerda ao pós-fordismo – em vez disso, houve um apego ao conforto de velhos antagonismos, por assim dizer. Havíamos internalizado a história de que existia um forte movimento trabalhista que dependia da unidade. Quais foram as condições para isso? Bem, tínhamos a mão de obra fordista, a concentração de trabalhadores em espaços confinados, o domínio da força de trabalho industrial por trabalhadores do sexo masculino e etc. O fim dessas condições ameaçou o movimento dos trabalhadores. Houve o surgimento de uma pluralidade de outras lutas, dissolvendo o comprometimento de propósito comum que o movimento dos trabalhadores já possuía. Mas essa nostalgia pelo fordismo era, na verdade, perigosa – a derrota não decorria do fim do fordismo, mas do fato de nos faltar uma visão alternativa da modernidade capaz de competir com o relato neoliberal.

Paralelamente às lutas operárias dos anos 1980 (como a histórica greve dos mineiros), cresciam também as lutas culturais. Ambas foram derrotadas, mas na época não era, de forma alguma, tão claro que seriam. Os anos 1980 foram uma época de pânico moral em relação às câmaras municipais dominadas pela "esquerda lunática" e pelo Canal 4 [canal da TV aberta britânica], com seus esquerdistas politicamente corretos, que estavam assumindo, supostamente, o controle da transmissão.

Isso faz parte do que chamo de modernidade alternativa – uma alternativa à "modernidade" neoliberal, que na verdade é apenas um retorno ao século XIX de várias maneiras. A ideia difundida de que a cultura corrente é inerentemente cooptada e que nos afastarmos dela é tudo o que podemos fazer é profundamente falha. O mesmo se aplica à política parlamentar. Você não deve depositar todas as suas esperanças na política parlamentar, mas, ao mesmo tempo, se ela fosse inútil, você deveria se perguntar: por que o empresariado se esforça tanto para subjugar o legislativo aos seus interesses?

Não é que a política parlamentar alcance muito por si só – a lição objetiva do que acontece se você acredita nisso é o Novo Trabalhismo: poder sem hegemonia. Você não pode esperar conseguir muita coisa exclusivamente por meio das urnas. Mas é difícil enxergar como as lutas podem ter sucesso sem fazer parte de um conjunto. Temos que recuperar a ideia de que é necessário vencer a luta hegemônica na sociedade em diferentes frentes ao mesmo tempo.

Há muita tolerância ao fracasso no nosso lado. Se eu tiver que ouvir a citação de Samuel Beckett: "tente de novo, erre de novo, erre melhor", vou enlouquecer. Por que pensamos assim? Não há honra no fracasso, embora também não haja vergonha nisso. Em vez desse *slogan* estúpido, devemos tentar aprender com nossos erros para ter sucesso na próxima vez. As probabilidades estão contra nós, então é possível que continuemos perdendo, mas o objetivo é aumentar nossa inteligência coletiva. Isso requer, se não uma estrutura tal como os partidos de tipo antigo, pelo menos algum tipo de sistema de coordenação e de memória coletiva. O capital já dispõe disso. Também precisamos para poder revidar.

Ninguém está entediado, tudo é entediante[85]

Uma das peças mais intrigantes e provocativas sobre política e cultura deste ano foi *We are all very anxious* [Estamos todos muito ansiosos], pelo Instituto da Consciência Precária[86] (o ensaio ganhou muita atenção quando foi republicado no site do coletivo Plan C). O argumento do ensaio é que o afeto problemático chave que o capitalismo contemporâneo agora enfrenta é a ansiedade. Em uma era fordista anterior, o tédio é que era o "efeito reativo dominante". O trabalho repetitivo nas linhas de produção gerava o tédio, que era a forma central de subjugação sob o fordismo e a fonte de um nova política de oposição.

Pode-se argumentar que o fracasso da esquerda tradicional está atrelado à sua incapacidade de se engajar adequadamente à essa política do tédio, jamais articulada por sindicatos ou partidos políticos, mas sim pela política cultural dos situacionistas[87] e dos punks. Foram os neoliberais, e não a esquerda organizada, que se mostraram os mais aptos a absorver e instrumentalizar essa crítica ao tédio. Os neoliberais rapidamente associaram as fábricas fordistas, e a estabilidade e segurança da

---

[85] "No One is Bored, Everything is Boring" em *The Visual Artists' News Sheet*, 21 de julho de 2014. Disponível em: https://visualartists.ie/mark-fisher-one-bored-everything-boring/. Traduzido para o português por Victor Marques.

[86] N. da T.: Institute of Precarious Consciousness.

[87] N. da T.: organização revolucionária formada por artistas de vanguarda e teóricos críticos, fundada em 1957 e dissolvida em 1972, muito influente no maio de 68 francês. Alguns de seus principais expoentes são Guy Debord, Michèle Bernstein e Raoul Vaneigem.

social-democracia, com o tédio, a previsibilidade e a burocracia vertical. No lugar disso, os neoliberais ofereciam emoção e imprevisibilidade. Mas a desvantagem dessas novas condições de fluidez é a ansiedade perpétua. A ansiedade é o estado emocional que se correlaciona com a precariedade (econômica, social, existencial) que a governança neoliberal normalizou.

O Instituto da Consciência Precária estava certo ao observar que boa parte da política anticapitalista está presa a estratégias e perspectivas formadas em uma época em que a luta era contra o tédio. Também estão corretos tanto quando reconhecem que o capitalismo efetivamente solucionou o problema do tédio, quanto quando afirmam que é crucial que a esquerda encontre formas de politizar a ansiedade. A cultura neoliberal – que se tornou dominante no momento em que movimento antipsiquiatria ia se enfraquecendo – individualizou a depressão e a ansiedade. Ou melhor, o aumento dos casos de depressão e ansiedade são um efeito da tendência, bem-sucedida, do neoliberalismo em privatizar o estresse: converter antagonismos políticos em condições médicas.

Por outro lado, acredito que a discussão sobre o tédio precisa ser um pouco mais detalhada. Certamente é verdade que hoje podemos quase sentir nostalgia pelo tédio 1.0 do velho fordismo. O vazio sombrio dos domingos, as horas noturnas após a televisão encerrar a programação, até os minutos intermináveis de espera nas filas ou nos transportes públicos: para quem tem um smartphone, esse tempo vazio foi efetivamente eliminado. No ambiente intensivo de 24 por 7 do ciberespaço capitalista, o cérebro não pode mais ficar ocioso; em vez disso, é inundado com um fluxo contínuo de estímulo de baixa intensidade.

No entanto, o tédio era ambivalente: não era simplesmente um sentimento negativo do qual alguém simplesmente queria se livrar. Para o punk, o espaço vazio do tédio foi um desafio, uma injunção e uma oportunidade: se estamos entediados, cabe a nós produzir algo que preencha esse espaço. No entanto, foi por meio dessa demanda por participação que o capitalismo neutralizou o tédio. Agora, em vez de nos impor um espetáculo pacificador, as corporações capitalistas se esforçam para nos convidar a interagir, gerar nosso próprio conteúdo e participar do debate. Agora não há desculpa nem oportunidade para ficar entediado.

Mas se a forma contemporânea do capitalismo extirpou o tédio, não superou o entediante. Pelo contrário – é possível argumentar que agora o entediante se tornou onipresente. No mais das vezes, desistimos de qualquer expectativa de sermos surpreendidos pela cultura – e isso vale tanto para a cultura "experimental" quanto para a cultura popular. Seja a música que parece ter saído de 20, 30, 40 anos atrás, os sucessos de bilheteria de Hollywood que reciclam e reutilizam conceitos, personagens e trocadilhos esgotados há muito tempo, ou os gestos batidos tão comuns na arte contemporânea, o entediante está em toda parte. Mas ninguém fica entediado – porque não há mais nenhum sujeito capaz de se entediar. Pois o tédio é um estado de absorção – um estado de alta absorção, na verdade, e é por isso que é um sentimento tão opressivo. O tédio consome nosso ser; sentimos que nunca iremos escapar. Mas é exatamente essa capacidade de absorção que está agora sob ataque, como resultado da constante dispersão da atenção, que é parte integrante do ciberespaço capitalista. Se o tédio é uma forma de absorção vazia, formas mais positivas de absorção podem combatê-lo efetivamente. Mas são justamente essas formas de absorção que o capitalismo não tem como oferecer. Em vez de absorção, ele só pode nos distrair com o entediante.

Talvez o sentimento mais característico de nosso momento atual seja uma mistura de tédio e compulsão. Embora saibamos bem que são entediantes, nos sentimos compelidos a fazer mais um teste no Facebook, a ler mais uma lista do Buzzfeed, a clicar em fofocas de celebridades sobre alguém com quem não nos importamos. Nós nos movemos incessantemente em meio ao entediante, mas nosso sistema nervoso está constantemente tão superestimulado que nunca desfrutamos o luxo de nos sentirmos entediados. Ninguém está entediado, tudo é entediante.

Posfácio

Contra o cancelamento do futuro: a atualidade de Mark Fisher na crise do neoliberalismo

Por Victor Marques[1] e Rodrigo Gonsalves[2]

Mais de uma década depois de seu lançamento, *Realismo capitalista*, a primeira e mais importante obra de Mark Fisher, escrita em um Reino Unido pré-austeridade e pré-Brexit, ganha finalmente uma edição brasileira. Primeira publicação de um pequeno selo editorial independente (Zero Books, fundado com o envolvimento do próprio Fisher), flui, como bem disse o jornalista Amauri Gonzo, feito um bom álbum de rock, daqueles que deve ser ouvido na primeira vez de cabo a rabo, retornando depois para saborear, avulsamente, as faixas favoritas. Rápido e sem muita estrutura, a ordem é menos importante do que a densidade conceitual expressa, muitas vezes, em *slogans*: ideias compactadas que subitamente oferecem uma nova inteligibilidade a fenômenos familiares.

Movendo-se despudoradamente entre alta teoria e cultura pop – filmes hollywoodianos, programas de TV, ficção científica e o mundo da música na MTV – o texto espelha o formato de um blog. Não é um acaso. Foi como blogueiro que Fisher ganhou

---

[1] Victor Marques é professor da Universidade Federal do ABC e diretor de desenvolvimento da Jacobin Brasil.

[2] Rodrigo Gonsalves é psicanalista, professor, coordenador do Círculo de Estudos da Ideia e da Ideologia, membro-editor do LavraPalavra e membro do Latesfip/USP.

inicialmente certa notoriedade. As páginas do blog *K-Punk* serviram como um laboratório informal no qual testou pela primeira vez alguns conceitos, incluindo o de "realismo capitalista", que recebem no livro formas mais bem acabadas. O ritmo ligeiro e o estilo relaxado, típicos do blog, são transpostos para o formato impresso sem cerimônias. O resultado se assemelha a um libelo antiacadêmico: aproximadamente 80 páginas (na versão original) e nenhuma nota de rodapé ou bibliografia, nem sequer as referências dos textos citados são indicadas. Fisher passa da análise de Kafka à descrição da sua experiência pessoal de professor precarizado – ou de *Supernanny* a Espinosa – com naturalidade descontraída, até desleixada. Em capítulos rápidos e autocontidos, cada um com sua fauna conceitual própria, as reflexões de Gilles Deleuze e Michel Foucault sobre a sociedade de controle encontram uma crítica da ideologia de inspiração lacano-žižekiana, tudo ilustrado por apelos cinematográficos a *Filhos da Esperança, Brilho Eterno de uma mente sem lembrança, Fogo contra fogo* e *Identidade Bourne*.

Foi um sucesso inesperado. Não tanto pela tiragem (embora suas dez mil cópias iniciais não tenham sido nada mal para uma pequena editora estreante), mas sobretudo porque marcou uma geração de militantes e incidiu no debate político. Como lembra Alex Niven no obituário de Fisher publicado na *Jacobin*, era o *Realismo capitalista* que estava no "bolso de inúmeros manifestantes nos protestos estudantis de 2010", convertendo-se em uma espécie de manifesto não-oficial do ressurgimento da esquerda socialista britânica. O impacto do livro alça Fisher à condição de intelectual público, requisitado a intervir em conferências, debates e eventos políticos. A partir de então, além de discutido e mobilizado por acadêmicos como Slavoj Žižek, Jodi Dean e Angela Nagle, Fisher exercerá influência direta no novo ecossistema comunicacional de esquerda formado por iniciativas como a *Novara Media* e a revista *Tribune*. Serve de fonte para o "aceleracionismo de esquerda", torna-se um marco nas discussões sobre pós-capitalismo, entra em diálogo com parlamentares do Partido Trabalhista e participa ativamente na formulação de estratégias políticas anti-neoliberais quando, a partir de 2015, os movimentos de anti-austeridade passam a ensaiar tentativas de ocupação institucional. As ideias de Fisher acabam cruzando o Atlântico para inspirar também o nascente movimento socialista democrático nos Estados Unidos, sendo debatidas nas páginas da *Jacobin*, em programas do Youtube de grande audiência como o *Michael Brooks Show* ou em podcasts como o *Chapo Trap House*.

Passados onze anos da publicação do livro, e três da morte de seu autor, talvez coubesse a pergunta: por que ler Mark Fisher hoje? Porque, para ir direto ao ponto, sua teorização nos dá a chave para compreender como a vitória crucial do capitalismo foi colonizar não apenas as consciências, mas o próprio inconsciente – triunfo que permitiu à ordem constituída se apresentar, ao menos por algum tempo, como uma realidade fora de disputa, um fato bruto da natureza. Não se contentando com a denúncia crítica, Fisher nos convida a abandonar a resignação melancólica e a construir coletivamente saídas à catástrofe anunciada pelo real da crise climática e da atomização social, a assumir o desafio de reabrir o futuro.

E por que ler Fisher hoje no Brasil? Porque, como o leitor brasileiro pode agora atestar, seu diagnóstico das patologias do neoliberalismo tem muito a dizer sobre nosso próprio mal-estar. Apesar das idiossincrasias caracteristicamente britânicas, que por vezes chegam a dar a algumas formulações um ar quase provincial, seu objeto é o capitalismo neoliberal globalizado – os bloqueios e sofrimentos de uma sociedade de classes em que a consciência de classes se encontra largamente adormecida.

O diretor Bong Joon-ho declarou recentemente ter se surpreendido com a reação global ao seu filme *Parasita*, curiosamente parecida em vários lugares distintos do mundo: "talvez porque hoje vivemos todos em um mesmo país, chamado capitalismo". Nesse país chamado capitalismo, que se impõe sob o título de única realidade possível, ainda há divisão – e ressentimento – de classe, mas sem a experiência coletiva de classe. Como consequência, a classe trabalhadora vive em um estado permanente de ansiedade, angústia e insegurança, que torna impossível planejar o futuro. Esse é o país de *Realismo capitalista*, e Fisher foi um dos mais sensíveis cartógrafos a esboçar um "mapeamento cognitivo" de seu "terreno afetivo".

O objetivo deste posfácio é, pois, também oferecer um mapa ao leitor que se depara com as ideias de Fisher pela primeira vez, traçando suas influências e consequências. A aposta é que acompanhar a trajetória do pensamento de Fisher, entender de onde veio e para onde foi, nos ajuda a navegar e agir no nosso tempo. Da decomposição do movimento operário às patologias do fim da história, chegando enfim à ascensão de um populismo "niiliberal" libidinalmente impulsionado por fantasias nostálgicas (em Trump ou Bolsonaro), lidamos aqui com uma prática teórica que é conscientemente, em obediência à tese 11 de Marx, não apenas um exercício de representação do mundo, mas um esforço para transformá-lo.

A construção de Fisher

Fisher nasceu em 1968, na região inglesa conhecida como East Midlands, de histórica presença do movimento operário. Sua origem na classe trabalhadora, e sua conexão com o ambiente das lutas sindicais fordistas, transparecem marcadamente nos textos, entrevistas e relatos pessoais. Por exemplo, na lembrança vívida e dolorosa da derrota do Partido Trabalhista em 1983, que deixara no jovem Fisher um "sentimento amargo de derrota existencial total" frente à perspectiva de mais cinco anos do governo conservador de Margareth Thatcher. Ou ao evocar o dia no qual os mineiros retornaram ao trabalho em 1985, após uma greve de mais de um ano, com seu outrora poderoso sindicato vencido e desmoralizado – um dia que trinta anos depois Fisher dizia não conseguir recordar "sem lágrimas nos olhos". Esse período, o meio dos anos 1980, que coincide com a adolescência de Fisher, é precisamente o momento da destruição de uma identidade de classe, o crepúsculo de todo um mundo e de uma forma de vida comunitária. A partir daí, inicia-se o recuo dos sindicatos da vida pública britânica, a "marcha para atrás" do trabalho organizado, e a depressão permanente das antigas regiões industriais. Foram anos, comentaria Fisher décadas depois, que qualquer pessoa de esquerda na Inglaterra recordaria com uma "tristeza visceral, sufocante e devastadora".

O Fisher dessa época ainda iria aproveitar os últimos anos de uma atmosfera que batizaria mais tarde de "modernismo popular" – uma ecologia cultural formada por uma vibrante imprensa musical independente, a radiodifusão pública da BBC, o experimentalismo arquitetônico e o pós-punk. O Estado de bem-estar social, com seus benefícios aos desempregados, bolsas estudantis, programas de moradia social, contribuia para financiar indiretamente a experimentação na cultura popular e a inovação artística a partir da própria classe trabalhadora. É essa "modernidade popular" – um ambiente de democratização da teoria e da alta cultura, que longe de ser indulgente ou promover uma complacência acomodada, nutria a experimentação e a inovação – que, segundo o próprio Fisher, o formou e moldou suas expectativas. Fisher sempre destacou que seus primeiros encontros com filósofos como Jacques Derrida e Jean Baudrillard foram nas páginas do *New Musical Express* – uma revista de crítica musical que para ele funcionou, junto com a radiodifusão pública, como uma espécie de "sistema educacional suplementar". É a desaparição, como efeito da ascensão do neoliberalismo, de um ambiente cultural ao mesmo tempo popular e instigante – esquisito, surpreendente, não inteiramente capturado pela lógica de mercado – que Fisher lamentará tanto em *Realismo capitalista* quanto em *Fantasmas da minha vida*, de 2012 (a edição brasileira dessa obra está prevista para 2021).

Entre 1986 e 1989, Fisher estuda literatura e filosofia na Universidade de Hull. Em seguida, muda-se para Manchester, onde passa alguns anos pulando entre bicos e tocando em bandas. Seu retorno à Universidade, um ambiente no qual jamais chegou a se sentir plenamente à vontade, foi motivado por um encontro aleatório com a filósofa ciberfeminista Sadie Plant. Plant havia concluído poucos anos antes seu doutorado na Universidade de Manchester, com uma tese sobre a Internacional Situacionista (que resultou no livro *The most radical gesture: the Situationist International in a postmodern ge* [O gesto mais radical: a Internacional Situacionista na era pós-moderna]), sendo, logo em seguida, contratada pela Universidade de Birmingham, onde passou a ensinar no mesmo "Departamento de Estudos Culturais" fundado e liderado por Stuart Hall na década de 1970. Fisher inicia o mestrado em Birmingham sob orientação de Plant mas, em 1995, quando ela aceita uma posição de pesquisadora sênior na Universidade de Warwick, a acompanha junto com a maioria dos outros orientandos. É em Warwick que transcorre um dos capítulos mais bizarros, intensos, e definidores do desenvolvimento intelectual de Fisher: sua participação como co-fundador do *Cybernetic Culture Research Unit* [Unidade de Pesquisa em Cultura Cibernética] (CCRU).

Oficialmente, o CCRU nunca existiu. Plant deveria ter dado entrada na papelada burocrática para inaugurar formalmente o novo departamento, mas nunca se deu ao trabalho. Em 1997 Plant abandona Warwick, e a carreira acadêmica, para escrever como *freelancer* em tempo integral. Até 97, o CCRU ainda funcionava em uma sala da universidade, onde estudantes de pós-graduação se reuniam para apresentar trabalhos e debater.

O Instituto de Filosofia de Warwick já era então reconhecido como um dos mais destacados no Reino Unido em filosofia continental contemporânea (francesa, em especial), com Keith Ansell-Pearson, um acadêmico especializado em Nietzsche, oferecendo cursos pioneiros sobre as obras de Deleuze. O interesse em Deleuze era compartilhado por outro professor de Warwick, considerado, junto com Plant, a figura central do CCRU: Nick Land.

Land era professor de filosofia continental em Warwick desde 1987. Em 1992, havia publicado seu primeiro, e por muito tempo, único livro – *The thirst for annihilation: Georges Bataille and virulent nihilism* [A sede por aniquilação: Georges Bataille e niilismo virulento]. Além do interesse pela filosofia contemporânea francesa e pela ficção científica ciberfuturista, Land parecia fascinado pelo oculto e pelas "artes mágicas" – da parapsicologia à Telema de Aleister Crowley, passando por numerologia cabalista e a cosmologia escatológica, e psicodélica, de Terence McKenna. É a figura carismática e hipnótica de Land que, após a partida de Plant, se torna a principal referência da mixagem que o grupo realiza a partir do pós-estruturalismo francês, das teorias cibernéticas da informação e controle, da cultura de rave e jungle[3], e da ficção de William Burroughs, J. G. Ballard, William Gibson, e H. P. Lovecraft.

A importância da ficção aqui não é lateral. É possível ver o CCRU mais como um coletivo de arte do que propriamente uma unidade padrão de pesquisa acadêmica. A experimentação com a forma era uma marca distintiva do grupo, o que se expressava seja em modos não-textuais de intervenção, seja em uma escri-

---

[3] Gênero de música eletrônica derivado do hardcore breakbeat que se desenvolveu na Inglaterra no início dos anos 90, caracterizado por andamentos rápidos, loops percussivos fortemente sincopados e efeitos sintetizados.

ta que fugisse das normas estabelecidas do discurso acadêmico. Daí a centralidade do que chamavam de "teoria-ficção", relacionada não apenas à forma narrativa ficcional que a teorização do CCRU frequentemente assumia, mas principalmente com a própria importância teórica que atribuíam à ficção – ao devir real da ficção.

O conceito crucial desse período – virtualmente ativo sobre toda a obra madura de Fisher, mesmo quando não explicitamente nomeado – é o de "hiperstição": um neologismo que combina o termo "superstição" com o prefixo "hiper" para se referir a uma "tecnociência experimental de profecias auto-realizáveis". Na formulação canônica do grupo, trata-se de circuitos de retroalimentação positiva em que o futuro é causalmente funcional sobre o presente. Em 1995, Plant e Land escrevem juntos o artigo *Cyberpositive*, combinando elementos da teoria de sistemas cibernéticos de Norbert Wiener com conceitos de Gilles Deleuze e Felix Guattari (esquizoanálise, desejo maquínico etc.), para se contrapor à preferência de Wiener por alças de retroalimentação negativa. Nesse sentido, uma "cibernética" negativa estaria focada em circuitos que promovem o equilíbrio e a homeostase, sistemas de controle que compensam desvios. Já Plant e Land estavam mais interessados em uma cibernética de retroalimentação positiva, de *runaway processes* [processos de fuga] – explosiva, disruptiva, apocalíptica. A hiperstição é precisamente onde a teoria-ficção se encontra com o ciberpositivo: trata-se de narrativas capazes de efetuar sua própria realidade por meio de alças de retroalimentação positiva, fazendo emergir novos atratores sociopolíticos e explodindo arranjos vigentes – transmutando ficções em verdades. Se entendermos por "superstições" meramente crenças falsas, sem eficácia, as hiperstições funcionam causalmente para produzir sua própria realidade.

Uma das imagens favoritas do CCRU para ilustrar a hiperstição é a de um aparelho que viaja no tempo para desencadear a própria existência – um "tentáculo emitido do futuro", uma visão do porvir que retorna para desenhar a própria história. Pense, por exemplo, na Skynet de *Exterminador do futuro*, enviando seus agentes para o passado para acelerar o apocalipse das máquinas, retroativamente estabelecendo sua própria condição de emergência. Outra imagem é a de uma infecção viral – um processo que se apropria de um hospedeiro e o manipula para a sua própria proliferação exponencial.

O paralelo com a magia agora também se torna evidente: quando a crença de que determinado símbolo tem poder *viraliza*, contaminando mentes em massa, o símbolo de fato passa a exercer um poder bastante real. Mesmo que seu poder tenha uma origem ficcional (no sentido de não corresponder à realidade), uma vez que o símbolo ganha um carga libidinal intersubjetiva seus efeitos têm eficácia material, às vezes dramática, sobre o corpo social. Segundo a fórmula da "espiral hipersticional": quanto mais se acredita na magia, mais ela funciona, e quanto mais funciona, mais se acredita. Por isso a hiperstição atua também como um "intensificador de coincidências" (ou de "sincronicidades", como diria o escritor de ficção científica Philip K. Dick); na medida em que um processo hipersticional tem efeito catalisador, conecta e dá coerência a eventos díspares e heterogêneos em uma mesma narrativa, que se torna assim cada vez mais eficaz. Retrospectivamente, a vitória desse processo aparece como inevitável, um destino inexorável, como se o universo estivesse conspirando a favor. A inseparabilidade entre realidade e ficção, para o CCRU, não tinha portanto um sentido pós-moderno, de ceticismo com o mundo objetivo ou antirrealismo. Bem ao contrário, o interesse estava na investigação dos "poderes mágicos" do encantamento semiótico, isto é, a realização, em diferenciados graus, de virtualidades já ativas, em outras palavras: a *passagem* da ficção para a realidade, que pode ser compreendida como um processo de apoderamento da realidade pela ficção. Nessa perspectiva, a teoria não opera como uma representação passiva, mas como um agente ativo de transformação. Ou, em linguagem mágica, "um portal pelo qual entidades podem emergir".

O CCRU se dedicou a teorizar (e ficcionalizar) o que chamaram de "k-táticas" (*k* de cibernética em grego, κυβερνητική), que "acelerassem as coisas" e desmantelassem o passado, engendrando mudança e subversão. Steve Goodman (*aka* Kode9), amigo de Fisher no CCRU, nota uma profusão de K´s naquele momento: "Josef K, do Kafka, K da ortografia alemã da cibernética, K das ondas K na teoria de Kondratieff em economia, Ko do I Ching etc. K estava no ar". O próprio Fisher se apropriaria do K para batizar seu blog eventualmente: *K-punk* (kyber-punk).

A tese de doutorado de Fisher, *Flatline constructs: gothic materialism and cybernetic theory-fiction* [Constructos de linha-plana: materialismo gótico e teoria-ficção cibernética], defendida em 1999, mas publicada em livro apenas 20 anos depois (postumamente), traduz bem os interesses do CCRU pelo cyberpunk e por filosofias anti-humanistas. Aí os conceitos fundamentais são "materialismo gótico", "realismo cibernético" e "hipernaturalismo". Sob forte influência de Donna Haraway, Deleuze, Baudrillard, Lyotard e Espinosa, Fisher constrói sua tese a partir de comentários sobre obras ficcionais (literatura *pulp* ou filmes) passando de *Toy Story* a J. G. Ballard, mas com especial dedicação ao horror de Mary Shelley, H. P. Lovecraft, David Cronenberg e John Carpenter.

Sua postura frente ao marxismo é, para dizer o mínimo, ambígua: se o Marx que desvenda os "poderes necromânticos" do capital é uma espécie de precursor do materialismo gótico, Fisher desdenha de um "antropo-marxismo" cuja metafísica humanista postula uma "agência humana transcendente e autêntica" que poderia superar o capital. "Tudo o que é sólido", Fisher parafraseia a famosa frase do manifesto, "se desmancha no virtual e no abstrato" – não há nenhuma essência humana prístina a qual retornar. "Alienados e gostando", era um dos *slogans* do CCRU.

Em 1998, Nick Land também se desliga da Universidade de Warwick e abandona a carreira acadêmica, como Plant havia feito antes. Por um período some do mapa, reaparecendo anos depois em Xangai. Mesmo com a partida dos tutores originais, o CCRU persiste existindo informalmente, ainda que sem nenhum vínculo com a Universidade de Warwick, até por volta de 2003. Foi no ambiente do CCRU que Fisher conheceu figuras como Ray Brassier, Iain Hamilton Grant, Jake Chapman, Kodwo Eshun, Steve Goodman (Kode9), Anna Greenspan, Luciana Parisi e Robin Mackay. Integrantes do grupo se tornaram conhecidos nos anos seguintes por suas contribuições para o Realismo Especulativo, o Aceleracionismo, o Ciberfeminismo, o Afrofuturismo, na criação do The New Centre for Research & Practice de Reza Negarestani, e pela influência em um fértil ecossistemas de blogs que experimentava nas fronteiras entre teoria, crítica cultural e política radical.

Nenhum desses blogs foi tão lido e replicado quanto o *K-punk*. Descrito pelo crítico musical Simon Reynolds como "uma revista de um homem só melhor que a maioria das revistas no Reino Unido", o blog se tornou algo como uma "sensação cult". Reynolds, que havia começado seu próprio blog poucos meses antes, recorda no prefácio do livro *K-Punk*[4] que foi como se um equivalente da antiga imprensa musical britânica tivesse se reconstituído *online*. Nos posts, análises de filmes, televisão, música, conviviam com reflexões ácidas sobre política, ativismo e modernismo popular. "Mark era um dínamo", comenta Reynolds, um catalisador, "atirando provocações e ideias que

---

[4] Coletânea póstuma, publicada em 2018, de entrevistas, artigos e posts de Fisher.

exigiam engajamento", seus posts marcados por "máximas memoráveis e aforismos agudos", fazendo justiça ao antigo lema do ccru de "máxima densidade em *slogans*".

Fisher, trabalhando agora fora da universidade como professor de Educação Continuada, dando aula para estudantes de classe trabalhadora entre dezesseis e dezenove anos, atravessava mais um de seus debilitantes episódios depressivos quando começou a blogar. O blog, vai dizer, era tanto uma forma de reestabelecer alguma conexão com o mundo exterior, como uma maneira de se forçar voltar a escrever, em um espaço mais informal e sem pressão, depois da experiência traumática do doutorado. A atividade se mostrou intensamente positiva, revigorando seu entusiasmo. O que emergia nos âmbitos "mais desestratificantes da blogosfera", comenta Fisher animado, era uma "rede despersonalizante e dessubjetivizante, que produz encontros mais alegres em um processo de retroalimentação positiva". Essa linguagem que mistura Deleuze e Espinosa com teoria cibernética, em continuidade com a experiência do ccru, era dominante nas postagens iniciais.

Progressivamente, no entanto, a partir do diálogo com outros participantes dessa rede de blogs – os amigos Nina Power e Alberto Toscano, Owen Hartherley, Alex Williams – Fisher vai se afastando cada vez da retórica agressivamente anti-humanista e da postura antipolítica do ccru, movendo-se em direção a uma compreensão da modernidade mais próxima dos termos clássicos da esquerda socialista. Fisher confessa, parafraseando Kant, que foi a leitura de Slavoj Žižek que o despertou por fim de seu "sono pós-político".

Quatro fases fisherianas

Poderíamos dividir, grosso modo, a atuação intelectual de Fisher em quatro fases. Na primeira, que vai do início do blog (em 2003) até 2005, predomina um vocabulário e um estilo tributários do CCRU, embora a ênfase na busca por *experiências-limite*, típica da prática filosófica de Nick Land, dê espaço a uma abordagem mais conceitual – o "materialismo gótico" cyberpunk, de inspiração deleuziana, convive com um "racionalismo frio", de base espinosista. A crítica musical está em primeira plano, e a crítica política ocupa um lugar secundário, na maioria das vezes limitado a um profundo desprezo pelo Novo Trabalhismo de Tony Blair e uma postura em larga medida abstencionista. A partir de 2005, no entanto, as preocupações políticas vão ganhando maior destaque, e Fisher se mostra atraído pela "ideia comunista", engajando-se com a produção de Žižek e Alain Badiou.

Nessa segunda fase, a psicanálise de Jacques Lacan, assim como a crítica da ideologia de inspiração lacaniana, e a análise da pós-modernidade como lógica cultural do capitalismo tardio em Fredric Jameson, tornam-se elementos chaves de reflexão. Nesse momento, inicia-se também um diálogo com a corrente pós-operaísta do marxismo italiano, da qual Fisher toma emprestado a ideia de uma etapa "pós-fordista" do capitalismo (as principais referências aqui são Christian Marazzi, Antonio Negri e Bifo Berardi). Data dessa fase a elaboração dos conceitos de "realismo capitalista", "ontologia empresarial", "impotência reflexiva", "stalinismo de mercado". Fisher está então focado: 1) nos efeitos deletérios do capitalismo neoliberal sobre a saúde mental, politizando a questão ao chamar atenção para a causalidade social do sofrimento psíquico; e 2) no mal-estar do "fim da história", expresso no encurtamento da imaginação cultural e do horizonte político de expectativas. Trata-se precisamente da fase que culmina com o lançamento do primeiro livro, em 2009, e desemboca na preocupação cada vez mais central com a questão da agência política e das possibilidades de construção de um novo sujeito coletivo que possa atacar a raiz dessas patologias.

A fase seguinte, de 2010 a 2014, mostra assim um Fisher mais preocupado com a ação política concreta, interessado em questões organizacionais e no problema da hegemonia. É quando se filia ao Partido Trabalhista e escreve, em parceria como Jeremy Gilbert, um artigo dedicado a pensar políticas públicas para um possível próximo governo de esquerda. Gilbert, cuja própria teoria política é uma tentativa de articular Espinosa com Gramsci, torna-se não só um interlocutor privilegiado como um amigo pessoal para Fisher, e ambos passam a se esforçar conjuntamente para pensar o que poderia ser uma esquerda eficaz em condições pós-fordistas, capaz de reivindicar uma modernidade anti-neoliberal. Esse período gramsciano de Fisher chama atenção pela aproximação com os trabalhos de Stuart Hall e Chantal Mouffe, pela insistência na necessidade de conjugar movimentos extra-parlamentares com uma ação de esquerda institucional, pela ânsia em contribuir para catalisar a composição de novas formas de ação coletiva de classe.

O objetivo explícito passa a ser avançar em um projeto de poder que pudesse efetivamente se colocar como alternativa realista a um neoliberalismo cada vez mais decrépito. O artigo "Como matar um zumbi: elaborando estratégias para o fim do neoliberalismo", é uma produção típica desse período, seja pela ênfase na necessidade de pensamento estratégico, seja pelo chamado à construção de formas de "ação *in*direta" (que Fisher formula como uma crítica às sensibilidades "neoanarquistas" dominantes nos movimentos de rua anticapitalistas).

Por último, em uma fase mais curta, cuja obra inacabada receberia o título de *Acid Communism* [Comunismo ácido], Fisher estava às voltas com a tentativa de herdar as experiências dos anos da contracultura, como às práticas coletivas de "elevação de consciência" e, em uma manobra de contra-exorcismo, invocar o "espectro de um mundo que poderia ser livre".[5] Para esse Fisher, o neoliberalismo foi fundamentalmente uma operação de deflação de consciência, desenhado para eliminar os diversos impulsos de "socialismo democrático" (ou "comunismo libertário") que borbulhavam nas décadas de 1960 e 1970. Relendo Herbert Marcuse, e reforçando seus vínculos com o coletivo autonomista Plan C, Fisher proclama um comunismo libidinal, desejante, que afirme nossa capacidade coletiva de produzir, cuidar e desfrutar em comum.

Entre esses vários Fishers há continuidades e descontinuidades. A influência de Espinosa e o modelo da cibernética estão sempre presentes, enquanto outras referências são mais temporalmente definidas (Lacan na fase 2, Gramsci na fase 3, Marcuse na fase 4). A teorização sobre o realismo capitalista acompanhará Fisher até o fim de sua vida, assim como seu reconhecimento da influência formativa de seus colegas de CCRU (e até mesmo de Nick Land, no que pese a divergência radical de suas posições políticas). E, no entanto, o Fisher que conclama em seu blog a "não votar", em 2005, é bem diferente do Fisher que se filia ao Partido Trabalhista em 2011, e acompanha com interesse e expectativa a eleição geral de 2015. Assim como o Fisher anti-hippie de 2004, praguejando contra a letargia dos maconheiros e hostil ao legado de 68, pouco tem a ver com o Fisher de 2016 em sua celebração à contracultura e às diversas formas de consciência que se expandiam no final dos anos 1960. O Fisher dogmático, obstinadamente antiempiricista, do começo dos anos 2000, talvez torcesse o nariz para o Fisher da fase 4, que via na troca de experiências e vivências dos grupos subalternos, e no processo de politização do pessoal daí decor-

---

[5] Frase que retira do livro de Herbert Marcuse, *Eros e civilização* de 1955.

rente, uma ferramenta fundamental para a construção de novas formas de agência coletiva.

Talvez o que sempre tenha acompanhado Fisher, e guiado seu trabalho, seja a convicção de que a leitura mais produtiva da frase "o pessoal é político" – popularizada pelos novos movimentos sociais dos anos 1960, e em especial pelo feminismo: é "o pessoal é impessoal". Ao escrever de forma pessoal, e abordar sua própria experiência pessoal (como quando fala de sua própria depressão no curto artigo "Não prestar para nada", incluído neste volume), Fisher nunca perdia o olhar sobre as condições estruturais de formação da subjetividade. Seu anti-individualismo militante e filosófico o levou à conclusão de que para inventar novos futuros, e escapar do eterno presente do realismo capitalista, seria necessário construir coletivamente, em comum, um novo sujeito político.

O lento cancelamento do futuro

Em *Realismo capitalista,* Fisher se dedica a investigar o sentimento ubíquo de "declínio da historicidade". Com a colonização capitalista do "inconsciente cultural", se torna difícil imaginar qualquer alternativa coerente, uma vez que o capitalismo ocupa, incontestável, todo o "horizonte do pensável". Pela sua própria natureza difusa, Fisher insiste, é mais fácil apontar para o realismo capitalista do que descrevê-lo precisamente: um campo ideológico transpessoal, uma atmosfera pervasiva, uma "estrutura de sentimento" (citando Raymond Williams) – "impessoal, abrangente, inconsciente e insidiosa". Trata-se da naturalização do neoliberalismo como um fato inerradicável da vida, acompanhada por uma espécie de "mal-estar temporal": o fim já aconteceu, nada novo é possível.

No nível da psicologia individual, o realismo capitalista se expressa como a crença não de que o capitalismo neoliberal seja "bom", mas de que é a única coisa realista – tudo mais seria ilusório, utópico, inviável. Uma vez que a maioria das pessoas não costuma passar muito tempo pensando sobre o capitalismo, esse realismo opera no dia a dia de maneira muito mais banal e prosaica: uma atitude de "resignação fatalista", de expectativas decrescentes, de que não há nada que possa ser feito, de que é assim que as coisas são e só cabe a cada um se ajustar, individualmente, ao estado de coisas. Essa impotência depressiva não é experimentada coletivamente porque no realismo capitalista nada é experimentado coletivamente, mas atua, enquanto campo transpessoal, como uma barreira invisível, limitando nossa capacidade de pensar, imaginar e agir.

Mais especificamente, o realismo capitalista é, diria Fisher, uma "patologia da esquerda". Como Žižek já havia alertado, embora seja fácil ridicularizar Francis Fukuyama e sua tese do "fim da História", na prática, é como se fôssemos "todos fukuyamistas agora", inclusive os que se dizem de esquerda: o capitalismo liberal é pressuposto, ao menos no nível do inconsciente, como a fórmula finalmente encontrada da melhor sociedade possível, cabendo apenas aprimorá-la nas margens e administrá-la da maneira mais técnica e eficiente.

Fisher desenvolveu o conceito de realismo capitalista a partir da sua vivência como professor de Educação Continuada sob os governos do Novo Trabalhismo, então empenhados no aprofundamento das reformas neoliberais na educação pública. O livro é, portanto, uma crítica aberta e ácida ao *blairismo* e à política da Terceira Via. O Novo Trabalhismo de Tony Blair é a expressão, por excelência, do realismo capitalista como patologia da esquerda. A estratégia política avançada pelo Novo Trabalhismo partia do princípio de que os ventos da história sopravam, inelutavelmente, a favor do neoliberalismo – e que as opções eram ou se adequar a essa nova realidade ou se tornar irrelevante. A política de massas, a força do trabalho organizado, o horizonte socialista, faziam parte de uma época que havia se encerrado, que o próprio desenvolvimento do capitalismo havia tratado de tornar obsoleta. Essa capitulação foi dolorosa, difícil e longa, e se seu ápice é o *blairismo*, seu início pode ser datado no famigerado discurso de 1976, de James Callaghan, o primeiro-ministro trabalhista no crepúsculo do fordismo, sobre o "necessário" abandono das políticas keynesianas, social-democratas, do pós-guerra: "digo com toda sinceridade que essa opção não existe mais" – antecipando o "não há alternativa" de Thatcher.

Nos anos 1980, o realismo capitalista era ainda apenas um projeto – que Thatcher e seus "novos conservadores" se esforçavam para transformar em realidade. O famoso *slogan* thatcherista de que "não há alternativa", ou de que não existe sociedade ou classes,[6] apenas indivíduos, pode ser entendido como hipersticional: uma ficção com efeitos reais. É apenas com a chegada dos anos 1990 que o neoliberalismo é naturalizado, e a falta de alternativas ao capitalismo não precisa mais ser argumentada ou defendida – a partir de então, é simplesmente assumida, como um consenso de fundo. A própria frase deixa de soar como uma afirmação de preferência – de que o capitalismo neoliberal seria a *melhor* opção, a mais desejável – para ganhar algo como um peso *ontológico*: não se trata do melhor sistema, mas do único possível, do destino inexorável da história.

Foi precisamente a emergência do Novo Trabalhismo que assegurou a vitória do realismo capitalista no Reino Unido e a consolidação do projeto thatcherista como um novo padrão de normalidade, como um "sistema de realidade" consolidado. Com Blair, "*modernização*" se torna enfim sinônimo de neoliberalização – quem resiste é porque perdeu o bonde da história.

---

[6] "There is no such thing as society" [não existe sociedade] e "There is no alternative" [não há alternativa] são duas frases de Thatcher que ficaram famosas nos anos 1980.

Não à toa em 2002, doze anos depois de deixar o poder, Thatcher não teve dúvidas ao ser perguntada sobre sua maior realização: "Tony Blair e o Novo Trabalhismo. Forçamos nossos oponentes a mudar de mentalidade". No interior da atmosfera do realismo capitalista, aceitar a eternidade do capitalismo é "cair na real" – abrir mão das fantasias utópicas, despir o mundo das ilusões sentimentais, abandonar as "ideologias do passado" e aceitar a "realidade como ela é": cão comendo cão, cada um por si.

Enquanto atitude prática, para além da crença individual, o realismo capitalista significa a submissão resignada aos imperativos do mundo dos negócios e a internalização do que Fisher chama de "ontologia empresarial": a expectativa compartilhada de que todos os aspectos da vida social, inclusive a administração pública, e mesmo a saúde e a educação, devem ser geridos como empresas. Se no setor privado a tendência é de precarização e "casualização" do trabalho, no setor público essa mesma tendência se expressa como importação das estratégias de disciplina da mão de obra típicas das empresas capitalistas. A consequência é uma espécie de "stalinismo de mercado" (outra expressão cunhada por Fisher): a imposição de sistemas de metas e métricas de avaliação permanente, a intensificação de uma autovigilância constante, a proliferação de procedimentos burocráticos, que precisam ser agora realizados pelos próprios trabalhadores, obrigando-os a uma constante performance de autocrítica.

A vitória do realismo capitalista não foi fazer com que as pessoas gostassem ativamente da "ontologia empresarial" ou do "stalinismo de mercado" – cujos efeitos são sentidos como degradantes e exaustivos, desmoralizando os trabalhadores sem melhorar em nada a qualidade dos serviços. Isso nunca chegou a acontecer, as reformas neoliberais continuam impopulares. O que se conseguiu foi convencer as pessoas de que o mundo é assim, e que não há nada que possa ser feito. A fórmula da "solidariedade negativa" vigente passa a ser: "é ruim para todo mundo, você tem que se adaptar também" – quem não está sofrendo o bastante é privilegiado. Numa atmosfera de expectativas decrescentes, não há nada que possamos fazer em comum para mudar o rumo da história. A vontade política é impotente: não somos o tipo de pessoas que podem mudar o mundo, ou o mundo não é o tipo de coisa que possa ser mudado. Talvez nunca tenha sido, e finalmente nos conciliamos com essa dura realidade depois de uma série de ilusões frustradas.

O realismo capitalista se aproxima daquilo que Frederic Jameson teorizou como "pós-modernismo" ainda na década de 1980. A perda da dimensão de futuro não é apenas um fenômeno político, mas da cultura como um todo. Para Fisher, Jameson viu adiante. Uma geração mais tarde, e após o colapso do socialismo real no leste europeu, a sensação de exaustão política e esterilidade cultural é não só muito mais aprofundada, mas também mais normalizada, parte da paisagem com a qual nos habituamos. O fenômeno identificado por Jameson naturalizou-se a ponto de se tornar invisível, ao mesmo tempo mais intenso e mais difícil de ser percebido. A "lógica cultural do capitalismo tardio" conduz a uma espécie de imaginação empacada, um bloqueio que converte a produção cultural num eterno pastiche, marcado pela rememoração, revisitação e repetição. O realismo capitalista promove uma infertilidade imaginativa em todos os âmbitos. A orientação para frente da modernidade dá lugar a uma sensação de esgotamento, um tempo travado. Essa estagnação na cultura não é sentida abruptamente, se expressa em um "lento cancelamento do futuro", expressão que Fisher toma de Bifo Berardi para nomear uma situação apocalíptica que não é repentina ou explosiva, mas que se arrasta morosamente. Como no filme *Filhos da Esperança*, "o mundo não termina com um estrondo, ele desaparece, se desfaz, desmorona gradualmente".

Caímos assim em uma situação aparentemente paradoxal na qual enquanto a vida aumentou de velocidade – com a aceleração dos fluxos e circuitos de uma capitalismo cognitivo hiperconectado – a cultura ficou mais devagar, estagnada na repetição *kitsch* e em formas zumbis. Fisher identifica pontos de encontros entre a estagnação cultural e política. Por um lado, a emergência de um "capitalismo comunicativo" (Jodi Dean), ou "semiocapitalismo" (Bifo Berardi), promove uma "dispersão da economia atencional" e faz com que a vida cotidiana seja tomada por uma urgência frenética, absorvida pelo ritmo do que Fisher chama de "ciberespaço capitalista". Em especial com a massificação dos celulares, convertidos em ferramentas praticamente indispensáveis para a permanência no mercado de trabalho, estamos continuamente imersos – plugados – nesse ciberespaço com sua "compulsão idiota", instados a uma "pressa perpétua", os sistemas nervosos estressados por uma corrente incessante de comandos mercadológicos.

Fisher aponta, sobretudo, para como o desmantelamento dos resquícios de social-democracia contribui para a estagnação da cultura. Longe de ter, conforme prometido, um efeito dinamizador, desbloqueando a criatividade e a imaginação humana ao atacar um Estado centralizador, vertical e paternalista, o neoliberalismo conduziu a uma "deterioração massiva da imaginação social". É que a inovação, nota Fisher, requer certas formas de estabilidade. A produção cultural inovadora exige tempo livre – um tempo não dominado pelas urgências imediatas do mercado capitalista. Com o desmantelamento das condições materiais de um tempo livre de urgências, um tempo experimental, esse espaço de autonomia se fechou. A politização do tempo é, portanto, uma pré-condição para sair do mal-estar cultural.

Há aí um antagonismo político a ser explorado, pois, para Fisher, essa temporalidade bloqueada, na qual se corre cada vez mais rápido para ficar exatamente no mesmo lugar, é funcional para a manutenção de estruturas de poder: há forças políticas que nos querem "permanentemente ansiosos", esgotados, com uma capacidade atencional fragmentada e dispersa – e essas são precisamente as forças que estão ganhando. De modo geral, a percepção de que vivemos no fim da história nada mais é do que um "projeto de classe altamente bem-sucedido". O próprio realismo capitalista é consequência do sucesso da direita neoliberal em transformar as atitudes da população, em impregnar de "ontologia empresarial" a infra-estrutura psíquica coletiva, encurtando assim o horizonte da imaginação política.

Essa não é, no entanto, a primeira vez que a narrativa do "fim da história" aparece. O próprio Marx inicia o *Manifesto comunista* polemizando contra a noção de que com a vitória do liberalismo – e a eventual universalização da igualdade formal e da liberdade jurídica – a história havia chegado ao fim. O argumento de Marx é que mesmo que o capitalismo seja um sistema baseado em contratos voluntários, continua sendo uma sociedade de dominação de classe – enquanto houver luta de classes haverá história. Ou seja, a tese da luta de classes como o motor da história é a tese de que a história não acaba no capitalismo.

Nos livros d'*O Capital*, Marx castigará com sarcasmo aqueles economistas vulgares, apologistas da ordem, que acreditavam que as instituições de todas as outras sociedades eram artificiais, supersticiosas, mas que as da sociedade burguesa, essas sim, são naturais, portanto eternas – que "houve história, mas já não há". A célebre análise do fetichismo da mercadoria é ela mesma uma crítica ao modo naturalizado como a produção capitalista aparece. Na medida em que os indivíduos participam do capitalismo, e o reproduzem sem saber que o fazem, esse automatismo é confundido com um fato da natureza. Assim, o capitalismo não é visto como um sistema social particular, historicamente definido e contingente, que teve um começo e pode ter um fim. Desvelar a historicidade dessa estrutura, com seus impasses, efeitos colaterais e pontos de antagonismo, é expô-la como algo que pode ser alvo da ação humana consciente.

Se a ideia de fim da história já experimentou certa popularidade antes mesmo de Marx entrar em cena, o que aconteceu para que ela operasse um retorno triunfante ao final dos anos 1980? Entre um fim da história e outro, aconteceu a ascensão e o declínio do movimento revolucionário internacional, a composição – e subsequente decomposição – de um sujeito político coletivo que foi capaz de ameaçar a continuidade dessa ordem. Em certo ponto, a "marcha para frente do trabalho",[7] e com ela o mito da revolução proletária, perdeu força como atrator político, dissipando assim também sua eficácia na construção do futuro. O avanço do neoliberalismo é tanto um efeito quanto uma causa dessa decomposição. Sua superação, e esse é o ponto fundamental de Fisher, exigirá uma recomposição, a conformação de um novo tipo de agência coletiva.

Privatização do estresse e impotência reflexiva

O realismo capitalista veio acompanhado não apenas de maior precarização e insegurança no trabalho, mas também de uma epidemia de sofrimento psíquico. Na medida em que antigas formas de solidariedade institucional e amparo comunitário são desfeitas, o resultado é a privatização do sofrimento e a individualização da angústia. No final do seu célebre artigo, Fukuyama já conseguia antever que "o fim da história" – com a dissolução dos grandes projetos coletivos, o apagar das luzes do palco da história mundial onde se travavam grandiosas bata-

---

[7] "The forward march of labour halted?" [A marcha para frente do trabalho foi interrompida?] é o título de um influente artigo do historiador britânico Eric Hobsbawm, publicado em 1978, examinando o desenvolvimento do capitalismo e da classe trabalhadora na Inglaterra, e como ele veio a divergir das previsões marxistas clássicas.

lhas ideológicas, mobilizando "ousadia, coragem e imaginação" – seria "um tempo muito triste". Não fazia ideia do quanto.

Orientado por uma psicanálise lacano-žižekiana, mas do mesmo modo, profundamente ambientado com as errâncias esquizoanalíticas experimentais de Deleuze e Guattari, Fisher aborda o sofrimento psíquico e o mal-estar de nossos tempos. O campo dos afetos, dos corpos, das patologias, do sofrimento, dos sintomas, das modalidades paradoxais do desejo, torna-se para Fisher um campo investigativo dos impasses do realismo capitalista. Suas indagações traduzem a tensão dos dilemas e contradições locais experimentadas por ele mesmo, tanto em sua experiência militante quanto em sua atividade docente, no contato com jovens estudantes em sala de aula.

Diante da epidemia de patologias, patologizações e transtornos mentais, Fisher ao invés de tomá-las como simples retrato neutro e estático da sociedade as problematiza enquanto um sintoma singular próprio do capitalismo tardio neoliberal. Ao se deparar com seus alunos, majoritariamente rotulados por alguma categoria psiquiátrica e administrados sob alguma narrativa de sofrimento pré-determinada, Fisher se interroga acerca da "causa social sistêmica" por trás da proliferação dos transtornos psíquicos. Por que um número tão grande de adolescentes com os quais trabalha tem problemas de saúde mental ou dificuldades de aprendizado? Por que a depressão é a condição mais tratada no sistema de saúde britânico?

A atenção de Fisher está focada na privatização dos problemas psíquicos, na despolitização, na individualização do sofrimento e na "condenação" genética, ou estritamente biologizante, dessas condições – abordando-as como se, de fato, não houvesse sociedade, apenas indivíduos (ou no máximo suas famílias). Cada qual sofrendo silenciosamente em seu corpo, em seu cubículo profissional, em seu lar, abraçando *sua* parcela de mal-estar e estresse como experiências de sofrimento privadas, postas como estritamente de cada um.

Fisher destaca um sintoma social crucial para os tempos atuais, que difere do cinismo ou da apatia: a *impotência reflexiva*, que teria a estrutura de uma profecia autorrealizável. Na impotência reflexiva, sabemos que as coisas estão piorando, e "sabemos" que não podemos fazer nada a respeito, mas esse saber não é uma mera representação passiva de uma realidade objetiva. Na verdade, contribui ativamente para reforçá-la em uma espiral hipersticional *implosiva*, produzindo, em parte, o imobilismo que reproduz a condição. Esta experiência é estetizada em termos kafkianos, cada um em seu aprisionamento burocrático.

A pulverização do controle gera efeitos em como se experimenta subjetivamente o tempo. Fisher elabora uma perspectiva crítica acerca dos afetos que reflete a passagem das sociedades disciplinares esquadrinhadas por Foucault para as sociedades de controle de Deleuze, atualizada para dar conta da evolução do ciberespaço capitalista em tempos de Youtube, Playstation e smartphones. O estresse, o transtorno de déficit de atenção e hiperatividade, ansiedade, depressão, entre tantas outras tipologias normativas de manuais como o DSM-V ou CID X ganham um outro tensionamento ao serem concebidas como sofrimentos anversos à "impotência reflexiva" experimentada pelos sujeitos capturados nas dinâmicas hedônicas e imobilizantes, frenéticas e repetitivas, do capitalismo comunicativo pós-fordista. A reflexão de Fisher é uma recusa a reduzir a proliferação de sofrimento psíquico corrente a uma coleção de micro-problemas puramente individuais, parte da normalidade com a qual cada um tem que lidar por si. Deixando de lado a ânsia diagnóstica e de patologização, sugere compreender sintomas enquanto manifestações de um campo transpessoal abrangente. São os paradoxos e imperativos do realismo capitalista que geram uma gramática de impotência social, correlata à atomização individualista. Para atacá-los na raiz, seria necessário confrontar o próprio neoliberalismo. A questão crucial torna-se então como construir uma contra-força socialmente efetiva, capaz de produzir instituições que revitalizem o espaço público e politizem questões que a governança neoliberal invisibiliza ao empurrar para o terreno do privado, do puramente pessoal.

Decomposição e recomposição

A pergunta que Fisher passa a levantar com insistência nos últimos cincos anos de sua vida é: por que a esquerda não foi capaz de avançar desde a crise financeira de 2008? De certo modo, a crise tem o feito de quebrar o encanto: enquanto projeto político, o neoliberalismo tecnocrático foi de fato desacreditado, perdendo sua legitimidade e seu impulso pra frente. Daí resultou, contudo, mais uma crise de representação do sistema político como um todo do que um sucesso de uma política de esquerda. Por quê? O realismo capitalista é parte da resposta: como essa atmosfera limita nossa imaginação, afinal "é mais fácil imaginar o fim do mundo do que o fim do capitalismo", não temos nada para pôr no lugar. O neoliberalismo persiste por inércia – em pé mesmo morto, como um zumbi.

Imaginar o fim do capitalismo nem sempre foi tido como um esforço particularmente difícil. Até a década de 1970, na verdade, parecia bastante fácil para qualquer um – até mesmos os conservadores temiam que esse fosse o caminho fatal que o mundo estava tomando: quer se gostasse disso ou não, os ventos da modernidade sopravam no sentido da socialização crescente. Em poucas décadas, a direção inevitável da história inverte.

O argumento de Fisher é que o que aparece do ponto de vista da psicologia individual como uma crença (na inevitabilidade do capitalismo) ou como uma atitude (de resignação derrotista frente a uma realidade implacável) é o resultado de uma "decomposição social" – expressão da fragmentação da classe como sujeito político coletivo, e da desintegração das formas de consciência e de solidariedade ligadas à participação na classe. Fundamentalmente, o próprio neoliberalismo deve ser visto como um projeto orientado a essa finalidade política específica: decompor. Após a publicação de *Realismo capitalista*, Fisher passa a fornecer em outros escritos uma narrativa sobre o declínio do tipo de solidariedade, e de segurança material, que caracterizava o compacto social-democrata inglês do pós-guerra. Inspirando-se na análise dos pós-operaístas italianos, argumenta que, no fordismo, foi oferecida à classe trabalhadora (cuja figura hegemônica era o operário-massa da grande indústria) segurança em troca de tédio: o mesmo trabalho maçante na mesma fábrica ao longo de toda a vida, mas representados por poderosos sindicatos, que negociavam os termos da conciliação de classe. A classe proprietária, por sua vez, aceitou a seguridade social como um seguro contra a revolução. A globalização, a liberação dos fluxos internacionais de capital, a realocação geográfica e terceirização, a reconfiguração produtiva promovida pela automação e pela logística *just-in-time* e a formação das cadeias globais de valor, minaram as bases materiais dessa trégua.

A década de 1980 foi o derradeiro campo de uma batalha do que hoje, retrospectivamente, só podemos ver como a vitória "inevitável" do neoliberalismo. O Fisher de 2004, ainda com os maneirismos do CCRU, comenta: "1984 foi uma zona de guerra de classes na qual a polícia paramilitar do Kapital multinacional esmagou os restos do operaismo orgânico". 1984, título da famosa distopia corporativa-totalitária de George Orwell, foi, na verdade, o ano do assalto thatcherista contra os mineiros em nome da liberdade de mercado. A greve dos mineiros, repete Fisher uma e outra vez, foi uma "poderosa imagem simbólica" da derrota do operário-massa fordista e de suas formas de organização. Quando a greve terminou em 1985, "a própria existência desse *nós*, sujeito proletário coletivo, estava em questão".

Em mais de um artigo Fisher cita uma passagem de Antonio Negri, retirada do livro *Arte e multitudo. Sette lettere dal dicembre* 1988 [Arte e multidão: sete cartas de dezembro de 1988], que reúne cartas escritas do exílio, na França. Nela Negri descreve a transição dolorosa das esperanças revolucionárias da década de 1970 para o declínio do movimento operário e o avanço neoliberal: "Temos que viver essa realidade morta, essa transição louca, do mesmo modo em que vivíamos na prisão, como uma maneira estranha e feroz de reafirmar a vida. [...] Fomos constrangidos a sofrer alucinações românticas sombrias. Não havia mais alternativa. Temos que viver e sofrer a derrota da verdade, da nossa verdade. Temos que destruir sua representação, sua continuidade, sua memória, seu traço. Todos os subterfúgios para evitar o reconhecimento de que a realidade mudou e, com ela, a verdade, devem ser rejeitados. O próprio sangue em nossas veias foi substituído".

Se nas décadas de 1960 e 1970 houve um período de abertura para a desnaturalização do capitalismo – expressa na proliferação de formas coletivas de consciência, nas greves gerais de massas ou selvagens, nos novos movimentos sociais – o neoliberalismo pode ser visto como uma resposta, um contra-ataque, a essas ameaças bastante reais. Fisher encara a contraofensiva neoliberal seguindo a análise de David Harvey, como uma estratégia de poder, como um projeto de classe; mais especificamente, de reafirmação do poder de classe. Um projeto político cuja finalidade orientadora é a decomposição da solidariedade e a desintegração da capacidade de ação coletiva das classes subalternas.

Esse objetivo estratégico foi perseguido com um método de "cenoura e porrete". Parte do processo envolveu a perseguição de lideranças, o acosso policial sobre as organizações socialistas, o esmagamento dos sindicatos por meio da força do Estado. Como nota Fisher, nada mais simbólico desse caráter sangrento e autoritário do neoliberalismo do que o golpe militar de Augusto Pinochet (com suas torturas, desaparecimentos, campos de prisioneiros políticos) que derruba um governo socialista democrático no Chile. O golpe neoliberal interrompe um processo efervescente da auto-organização popular para abrir caminho a um regime abertamente pró-negócios. Thatcher, que sempre admirou e apoiou Pinochet, não poderia copiar todo seu *modus operandi*, mas mobilizou também o peso do poder coercitivo do Estado para quebrar a coluna vertebral dos sindicatos, impor fim a greves e golpear por todos os meios o "inimigo interno" (como se referia ao sindicalismo combativo em tempos de guerra das Malvinas).

O outro lado da estratégia de decomposição foi a sedução libidinal pelo individualismo consumista: a "reprogramação neurolinguística" do neoliberalismo, que atrai os trabalhadores a não se verem como membros de uma classe, mas como indivíduos autônomos cujos potenciais de realização são bloqueados por uma elite política burocrática no controle de estruturas verticais esclerosadas – como os partidos, os sindicatos e o próprio governo. Esse neoliberalismo "heroico", populista, ao mesmo tempo que se utiliza do poder do Estado de modo autoritário para destruir formas institucionais de ação coletiva e reafirmar a disciplina do capital, mobiliza e busca capturar os desejos autênticos dos trabalhadores por liberdade, autonomia, flexibilidade e experimentação para utilizá-los como armas a fim de catalisar o processo de decomposição de classe. A recusa do trabalhador ao tédio da fábrica fordista e às hierarquias centralizadas das organizações que floresceram sob o fordismo é metabolizada e redirecionada contra as organizações de classe, ou até contra a política de classe em geral. O realismo capitalista garantiu sua hegemonia, diz Fisher, ao desativar as pessoas como "agentes políticos" e reinterpelá-las como "indivíduos empreendedores".

O que Fisher quer é chamar a atenção para o fato de que a passagem do fordismo ao pós-fordismo não foi imposta apenas pelo capital, mas impulsionada também pelo desejo dos trabalhadores – desejos que a esquerda tradicional não conseguiu sintetizar em um novo projeto emancipatório. Ao cavalgar esses desejos e absorvê-los para seus próprios fins, o neoliberalismo colocou o socialismo tradicional, apegado ao modelo fordista, em situação defensiva, empurrando-o para uma posição objetivamente conservadora. Thatcher foi bem sucedida em caracterizar o projeto social-democrata do pós-guerra como ultrapassado, obsoleto, burocrático, vertical, aglutinando assim o descontentamento contra uma ordem em vias de se desfazer. Seu trunfo foi apresentar-se com um vigor modernizante, como uma porta-voz de um futuro que iria entregar liberdade (e propriedade) aos indivíduos, liberando-os das restrições e regulações de um Estado distante, letárgico, aborrecido.

Há, óbvio, uma enorme discrepância entre o que os trabalhadores desejavam e o que de fato receberam. No final das contas, não era amor – era cilada. O neoliberalismo promete desburocratização, mas não pode entregá-a. Ao contrário, expande o tempo de trabalho, que tende a absorver todo o tempo de vida, e nos enreda em um constante esforço de autopromoção e autoavaliação, que nunca tem hora pra acabar. Na tentativa vã de fazer tudo funcionar "como uma empresa" – incluindo serviços públicos e até pessoas – novas formas de burocracias estatais e privadas ganham vida, dos labirintos do telemarketing à avalanche de controles, métricas e sistemas de pontuação. A eterna corrida pelo desenvolvimento de nosso "capital humano" nos empurra a trabalhar de graça, a perder de vista a diferença entre tempo livre e tempo de trabalho. Se essa vida de trabalho é exaustiva e arriscada, não há ninguém para reclamar. Se você está esgotado ou ao ponto do colapso nervoso, isso é um problema entre você e sua química cerebral. Com a dissolução das conexões sociais e comunitárias, a decomposição da consciência de classe e das organizações de classes, agora é cada um por si.

Não se trata de efeitos acidentais, se lembrarmos que o objetivo do neoliberalismo era desde o princípio a reafirmação do poder de classe. Nunca se tratou de liberar o mercado do Estado, mas de subordinar o Estado ao capital. O mito fundador do neoliberalismo é a contraposição entre livre mercado e Estado. Na realidade, o neoliberalismo está muito mais interessado em mobilizar o mito do livro mercado para decompor a classe do que no mercado, ou nas liberdades. A ênfase no individualismo, na competição, na mercadorização da vida são, na verdade, armas, meios para um fim, a saber, a destruição da solidariedade social. Os ideólogos neoliberais mais vulgares podem até acreditar que os seres humanos são, "por essência", naturalmente competitivos. Já o *neoliberalismo realmente existente* nunca confiou nas pessoas, e se dedicou na prática à "engenharia afetiva" para disseminar competitividade, desenhando instituições que forcem a competição em todas as esferas da vida social. A "atomização generalizada" é um projeto. Do mesmo modo, a produção de ansiedade por meio de mecanismos administrativos é funcional à estratégia de subordinação de classe.

No entanto, traçar uma relação linear de causa e efeito entre o "espírito de 68" – os impulsos antiautoritárias e antiburocráticos liberados pelos grandes movimentos de massas que antagonizaram o modelo do capitalismo fordista – e o neoliberalismo seria conceder demais ao inimigo. Não havia nada na história que obrigasse a esse desfecho. Articular tais desejos em cadeia com uma programa econômico pró-capital foi um feito político, vitória conquistada por uma direita neoliberal que transformou o campo conservador, e em seguida redefiniu a própria localização estrutural do centro. Sobretudo, foi a consequência do fracasso da esquerda em absorver e hegemonizar esses desejos por transformação.

Fisher se remete a Stuart Hall e suas análises de conjuntura no momento da emergência do thatcherismo, recordando os debates promovidos pelo grupo *New Times* na revista *Marxism Today* durante os anos 1980. Para Hall, a obsolescência da esquerda foi uma decorrência de seu apego a um fordismo em decadência. A pergunta deveria ser, então: como a esquerda poderia produzir sua própria versão do pós-fordismo? Para Fisher, essa foi a pergunta que a esquerda não foi capaz de responder. Na medida em que o Novo Trabalhismo tenta endereçá-la, a resposta que encontra é "não é possível uma esquerda pós-fordista": o máximo a que se pode aspirar é uma versão mitigada do arranjo neoliberal. A ilusão do *blairismo*, nota Fisher, foi se imaginar como a superação das derrotas dos anos 1980, quando na verdade não passou de ser a consequência final dessas mesmas derrotas – "a normalização pós-traumática da catástrofe", contribuindo para destruir o que restava da própria base.

A partir de 2010, Fisher começa a ver sinais de um "descontentamento generalizado" com o realismo capitalista. É como se a crise financeira de 2008 tivesse retirado do neoliberalismo seu impulso frenético. O *crash* econômico, e as políticas de austeridade profundamente impopulares que se seguiram, serviram para desacreditar a narrativa neoliberal. A implicação, contudo, não é que o neoliberalismo estaria fadado a desaparecer espontaneamente, ao contrário: ao longo das últimas décadas se institucionalizou, incrustou-se como parâmetro *default* que guia, mesmo que por inércia, o funcionamento dos governos, das empresas, das instituições multilaterais globais, assim como as expectativas e hábitos das pessoas comuns. O neoliberalismo não precisa de legitimidade porque tornou-se o modo como as coisas operam normalmente e, portanto, mesmo morto pode continuar dominando nossas vidas. Por isso um zumbi: em decomposição, apodrecendo a olhos vistos, desprovido de vitalidade, mas ainda assim em pé. É preciso mirar na cabeça. O neoliberalismo, argumenta Fisher, não cairá por si só: precisa ser desmantelado por um agente político alternativo. A questão é: onde está esse agente?

Fisher identifica que conforme a segunda década do milênio avança, emerge uma "efervescência de atividade oposicional": protestos massivos, ocupações, confrontos com a polícia, tumultos de rua, saques. Cada vez mais fica evidente que "não há retorno para o mundo pré-2008", registra em uma postagem de 2015. É agora aquela centro-esquerda que adotou o realismo capitalista que parece obsoleta e perdida. O centro político está confuso, atordoado, e sem novas ideias, vendo seu "sistema de realidade" desintegrar. Algo no jogo mudou. Saímos do "fim da história" para entrar em *terra incognita*. Para Fisher, a crise generalizada de confiança no sistema político significa que se desfaz, enfim, o conforto previsível do eterno presente: a partir de agora, ou afundamos em uma "distopia niiliberal" (um jogo de palavras com niilista, iliberal e neoliberal) ou terá que emergir um novo socialismo popular.

Em um post de 2006, que antecipa temáticas cruciais do *Realismo capitalista*, Fisher já se perguntava: "Existe uma maneira de desafiar ou reverter a proliferação lenta, implacável e voraz da burocracia?" Sua resposta à época é tateante, incerta, pessimista a ponto de quase desesperada: "Só por uma ação coletiva que agora parece inconcebível... Só por uma mudança no clima ideológico... Só por uma mudança no clima cultural... Por onde começar?" É Fisher ensaiando seu diagnóstico de que a consolidação do "realismo capitalista" foi resultado de um "fracasso da ação política coletiva", e da vitória de um projeto de ressubordinação de classe baseado na "decomposição da coletividade". Em 2015, um Fisher muito mais confiante vê a construção dessa ação coletiva não apenas como concebível, mas como já em marcha: o realismo capitalista não é capaz de sobreviver quando "alternativas começam a florescer". Com o fim do *fim da história* abre-se a possibilidade de reinventar o futuro: "cabe a nós construir este futuro, ainda que – em outro nível – ele já esteja nos construindo: um novo tipo de agente coletivo, uma nova possibilidade de falar na primeira pessoa do plural". Uma espiral hipersticional, onde o aumento de nossa potência em comum retroage reforçando nossa autoconfiança coletiva, e vice-versa.

Aceleracionismos

A "orientação ao futuro" é uma característica marcante da política de Fisher e é o que o conecta diretamente com as discussões sobre o que se convencionou chamar de "aceleracionismo", cujas raízes remetem ao CCRU e, em especial, aos trabalhos de Nick Land. O termo, cunhado por Benjamin Noys em *The persistence of the negative* [A persistência do negativo], de 2010, originou-se de uma crítica ao tom celebratório às tendências desterritorializantes do capitalismo. Mas o termo logo encontrará seus adeptos, para os quais o aceleracionismo fala aos desejos de dobrar a aposta nas tendências "abstratas, desenraizadoras, alienantes, decodificadoras" da modernidade (como formulam Robin Mackay Robin e Armen Avanessian na introdução de *#Accelerate*, de 2014).

Uma das principais inspirações originais do aceleracionismo encontra-se em uma passagem de Deleuze e Guattari em *O anti-Édipo* na qual se perguntam sobre qual seria a verdadeira "via revolucionária". Seria retirar-se do mercado mundial, como Samir Amin aconselhava aos países dos Terceiro Mundo? Ou talvez ir no sentido contrário: "ir ainda mais longe no movimento do mercado, da descodificação e da desterritorialização"? Deleuze e Guattari parecem inclinados à segunda opção: "não retirar-se do processo, mas ir mais longe, 'acelerar o processo', como dizia Nietzsche". Essa conclusão, na verdade, não está muito distante do próprio Marx, que em seu *Discurso sobre o livre comércio* de 1848 afirma: "em geral, o sistema de proteção de nossos dias é conservador, enquanto o sistema de livre comércio é destrutivo. Rompe velhas nacionalidades e leva ao extremo o antagonismo do proletariado e da burguesia. Em uma palavra, o sistema de livre comércio acelera a revolução social".

O *Manifesto comunista* desenha nitidamente como a sociedade burguesa articula um circuito de retroalimentação positiva: o nascimento da grande indústria, argumenta Marx, cria o mercado mundial, que acelera enormemente o desenvolvimento do comércio e dos meios de comunicação e de transporte, o que por sua vez retroage sobre a expansão da indústria. O resultado é precisamente um "processo de fuga" [*runaway process*]. É isso que permite à burguesia desempenhar um papel revolucionário na história, criando "maravilhas maiores que as pirâmides do Egito, os aquedutos romanos, as catedrais góticas". Marx insiste que o capitalismo não pode existir "sem revolucionar incessantemente os meios de produção"; o efeito dissolvente, ácido, desterritorializante do capital é tal que "tudo que é sólido e estável se desmancha no ar". No célebre "Fragmento das máquinas" (outra peça inspiradora do aceleracionismo), dos *Grundrisse*, Marx chega a especular sobre um futuro no qual a tendência interna do capital de pressionar em direção ao aumento de produtividade do trabalho e à substituição do trabalho vivo por trabalho morto leva à automação total da produção.

Se tanto para Marx quanto para Deleuze a aceleração das tendências do capital conduz à sua superação, em Nick Land o capitalismo é o fim do jogo. Não é o capitalismo que se torna um limite para o autodesenvolvimento dos seres humanos, tal como na narrativa tradicional marxista, é a humanidade que eventualmente se torna um limite para o desenvolvimento do tecno-capital. Citando a injunção de Deleuze de ir "mais rápido na direção da desterritorialização", Land já expressava sua orientação antissocialista em artigos como *Machinic desire* [Desejo maquínico], de 1993: "a revolução maquínica deve, portanto, ir na direção oposta à regulamentação socialista, pressionando por uma mercadorização cada vez mais desinibida dos processos que estão destruindo o campo social". Em outro artigo, da época de sua parceria com Sadie Plant no CCRU, *Meltdown* [Fusão], Land afirmava: "o homem é algo a ser superado: um problema, um entrave"; enquanto Plant, por sua vez, resgatava as ideias de Marx sobre o capitalismo "varrendo o passado" para declarar que "tudo o que é ciberpositivo é contra a humanidade". Em certo sentido, Land não está aí tão distante da ideia de Marx do capital como um "sujeito automático", com sua própria lógica inconsciente, com sua pulsão teleológica expansiva completamente indiferente aos anseios e necessidades humanas – inerentemente niilista, o capital cresce para crescer. Há duas diferenças cruciais, no entanto: 1) Land não acredita que a "síntese dialética" final desse processo seja a reapropriação da produtividade das máquinas por uma humanidade redimida; 2) ao conceitualizar, à moda da teoria econômica neoliberal, os processos de mercado como uma atividade cognitiva, Land identifica desenvolvimento do capitalismo com a emergência da Inteligência Artificial. O que parece para a humanidade como a história do capitalismo, diz Land, é "uma invasão do futuro por um espaço inteligente artificial que deve se montar inteiramente a partir dos recursos de seu inimigo". O que está se constituindo em escala planetária por meio das alças de retroalimentação positiva do circuito tecno-capital é um devir in-humano da inteligência, uma hiper-inteligência com a sua própria agenda e trajetória autônoma, com a qual não é possível barganhar, "que não sente pena ou remorso ou medo e absolutamente não vai parar, nunca". Land toma o lado desse processo imanente (uma entidade "teleopléxica" monstruosa), contra sua própria espécie, e abraça alegremente o prospecto da aniquilação humana.

No aceleracionismo landiano, os humanos são apenas "fantoches de carne" do capital,[8] um mero substrato, um "obstáculo temporário", cuja pretensão de agência é crescentemente irrelevante. Na prática, a posição de Land não difere do que Noys eventualmente chamaria de um "deleuzianismo thatcheriano", uma celebração do fim da agência humana com o desmantelar de qualquer bloqueio na dinâmica capitalista em sua trajetória para além do humano, na explosão exponencial descontrolada das finanças e da Inteligência Artificial. A aceleração das tendências em direção ao caos e à dissolução, à liquefação, por meio da invocação de forças monstruosas é a marca de Land enquanto um mago ensandecido, que goza do feitiço – fausticamente – escapando de qualquer possibilidade de controle. Se em Marx a crítica ao capitalismo é por vezes ilustrada com a imagem do "feitiço que se volta contra o feiticeiro", para Land esse feiticeiro, isto é, a própria humanidade, é só um meio que a entidade se utilizou para se fazer realizar no mundo, um "fantoche de carne" de forças maiores e implacáveis. O mito landiano parece saído diretamente de um filme de horror cósmico.

Para Land, o capitalismo encarna uma "dinâmica hipersticional" em uma intensidade sem precedentes, convertendo a "especulação" em uma força eficaz na história mundial. Já a esquerda, por sua vez, seria inerentemente "desaceleradora". "O capital se revoluciona mais completamente do que qualquer revolução extrínseca poderia", diz Land em *A quick and dirty in-*

---

[8] Meat Puppets é o nome de uma banda (pós)punk dos Estados Unidos, e, segundo Fisher, a inspiração de William Gibson para a denominação das prostitutas cibernéticas do romance Neuromancer. O termo, utilizado com frequência pelo CCRU, pode ser traduzido como "fantoche de carne" (ou "brinquedo de carne").

troduction to accelerationism [Uma introdução rápida e suja ao aceleracionismo], de 2017, "não há distinção entre a destruição do capitalismo e sua intensificação". À esse processo acelerado de autodestruição não caberia crítica – ele é a própria crítica em ação, retroalimentando-se em sua espiral descontrolada e dissolvedora. Qualquer resistência, diria Land ao estilo borg de *Star Trek*, é inútil.

Se o Fisher da década de 1990 foi, de fato, influenciado por Land, chegando a pensar que a cibernética havia tornado Marx obsoleto, a partir dos anos 2000 os dois entram em uma trajetória de acentuada divergência política e filosófica (resultando no fim do CCRU em 2003). O relato de Fisher é que trabalhar no setor público na Grã-Bretanha, sob o governo blairista, o fez ver que o capitalismo neoliberal "não se encaixava no modelo aceleracionista", e que estava, ao contrário, produzindo sua própria forma de burocracia, "difusa e descentralizada". A experiência como professor e como sindicalista, combinada com o encontro teórico com Žižek e Badiou, o empurrou para outras posições políticas, em direção à renovação da prática socialista. Fisher passa a se dedicar, em suas próprias palavras, a "sintetizar alguns dos interesses e métodos do CCRU" com novas formas de política de classe. É esse movimento que está na base do que ficou conhecido por "aceleracionismo de esquerda".

A partir de 2008 já é possível encontrar posts de Fisher e Alex Williams experimentando com a ideia de resgatar certos elementos da abordagem do CCRU para reativar a esquerda socialista. Essa disposição ganha novo fôlego com a realização, em 2010, do Simpósio sobre Aceleracionismo, com a participação de Ray Brassier, Alex Andrews, Benjamin Noys, Nick Srnicek e Alex Williams. Na sua exposição, Fisher reivindica ironicamente o termo pejorativo de Noys com a provocação: "todo mundo é aceleracionista". Reconhece a influência de Land e, simultaneamente, marca sua distância: "Land foi o nosso Nietzsche", a mesma "bizarra mistura do reacionário com o futurista". Esse aceleracionismo de direita, postula Fisher, pode ser o antagonista que a esquerda precisa para sair do seu marasmo complacente. Por um lado, o realismo capitalista não é capaz de oferecer mais do que "uma simulação de inovação e novidade que disfarça a inércia" – uma "estagnação frenética" – mas, por outro, uma esquerda derrotista e nostálgica, presa numa retórica de "resistência e obstrução", acaba irreflexivamente trabalhando a favor da anti-metanarrativa do capital como a única opção que para em pé.

"O marxismo não é nada se não for aceleracionista", é a provocação de Fisher. Retroceder a uma crítica moral e romântica do capitalismo é trair a orientação ao futuro que animou o pensamento-prática de Marx. O que diferencia a esquerda da direita, diz Fisher, é que para a esquerda a "libertação está no futuro, não no passado", ecoando o Marx do 18 *de Brumário*, para o qual a revolução social "não pode tirar sua poesia do passado, e sim do futuro". Ser aceleracionista nesse sentido é, seguindo a máxima de Bertolt Brecht, "não começar das coisas boas e velhas, mas das coisas novas e ruins". Não seria então, se pergunta Fisher, para frente a única direção? Mesmo que "através da merda do capital"? "Recuar para frente" (Roland Barthes) talvez seja o único caminho.

A diferença do aceleracionismo prometeico de Fisher para o aceleracionismo fáustico de Land é que o segundo é estridentemente anti-humanista, enquanto o primeiro se reencontra com uma forma de humanismo. Para Land o tecno-capital é o verdadeiro sujeito da história, "a humanidade é seu hospedeiro temporário, não seu mestre". Para Fisher, o capital é um parasita – ele precisa de nós, nós não precisamos dele. Por hora, o ser humano pode até ser o "fantoche de carne" do capital, mas tem potencial para se tornar seu próprio mestre.

É uma certa ternura pela carne humana (dilacerada no "moedor de carne implacável do capital") que faz Fisher reconsiderar seu entusiasmo nos anos 1990 pela aceleração das tecnologias digitais. Ao citar Bifo Berardi sobre a "aceleração das trocas de informação", Fisher nota a "tensão entre o infinito do ciberespaço e a finitude vulnerável do corpo e do sistema nervoso". É organicamente impossível processar a imensa e crescente massa de informação que entra em nossas cabeças por meio dos aparelhos eletrônicos, mas ao mesmo tempo sentimos como um imperativo absorver toda essa informação a fim de nos mantermos competitivos e eficientes. O resultado, diz Fisher, é a "sensação difusa de pânico" à medida que os indivíduos são submetidos a uma enxurrada de dados humanamente inadministrável. Não se trata, no entanto, de adotar uma postura reacionária antitecnológica, mas de avaliar que tipo de inovações técnicas podem ser apropriadas, e refuncionalizadas, a serviço da emancipação humana. A máquina de lavar, mais do que o celular, serve de modelo para o tipo de desenvolvimento maquínico que reduz a labuta.

O aceleracionismo de esquerda é movido, portanto, por um imaginário de fim do trabalho. A ideia é reforçada pela publicação do *Manifesto aceleracionista*, de Alex Williams e Nick Srnicek, em 2013. O manifesto procura organizar em forma de um diagnóstico e programa sumários, em tom confiante e dogmático, o tipo de política que Fisher estava tateando: a reivindicação da modernidade e de um certo prometeanismo, o capitalismo neoliberal como uma trava que bloqueia as possibilidades de progresso humano, a ênfase de que a "plataforma material" do capital (suas inovações técnicas e infraestruturas) não precisa ser destruída, mas refuncionalizada para "fins comuns", subvertida e reapropriada. O mesmo impulso prometeico está presente no *Manifesto xenofeminista* do coletivo Laboria Cuboniks (do qual Helen Hester é uma das figuras centrais), aliado a uma política emancipatória futurista de abolição de gênero.

Srnicek e Williams logo abandonam o termo "aceleracionismo" e a referência à terminologia de Nick Land, quando publicam em 2015 o livro *Inventing the future: postcapitalism and a world without work* [Inventando o futuro: pós-capitalismo e um mundo sem trabalho], mas curiosamente retomam o conceito de hiperstição, ao reivindicar um espaço para a utopia na prática política transformadora: "Utopias são a personificação das hiperstições do progresso. Exigem que o futuro seja realizado, constituem um objeto de desejo impossível, mas necessário, e nos dão uma linguagem de esperança e aspiração por um mundo melhor". A influência desse clima teórico catalisado por Fisher também transparece em outros livros britânicos da mesma época, que apontam para um política de esquerda orientada ao futuro, como *Pós-capitalismo: um guia para o nosso futuro*, de Paul Mason, e *Comunismo de luxo totalmente automatizado*, de Aaron Bastani[9].

Mais até do que a orientação do futuro, no entanto, o que Fisher vê de potente na posição aceleracionista é sua carga libidinal, e a possibilidade de uma política acoplada ao nível do desejo. A questão que ele se coloca é de como "instrumentalizar a libido para propósitos políticos". Visto desse ângulo, não causa surpresa que Fisher tenha se interessado pelo populismo de esquerda, ao passo que Land se aproximou do populismo de direita.

Para Land, que considera Steve Bannon "um político excepcionalmente interessante", a *alt-right* "marca o fim da governança global com base no evangelho do universalismo igualitário". Seu ódio pelas instituições liberais e pela esquerda acadêmica, seu desprezo pelo "politicamente correto" e pela linguagem dos

---

[9] O livro de Bastani, cujo título original é *Fully automated luxury communism*, será publicado no Brasil em 2021, pela editora Autonomia Literária.

direitos humanos e valores universais, e até seu fascínio por Lovecraft e por "mágica memética", o torna um parceiro de cama ideal para essa *direita alternativa*. Não à toa, é fácil encontrar hoje tuítes de Land comentando positivamente sobre Trump e mesmo Bolsonaro. Seu *Iluminismo Sombrio*, baseado no neorreacionarismo de Mencius Moldbug, o aproxima da deriva autoritária da "ideologia californiana" dos magnatas do Vale do Silício (Peter Thiel e Elon Musk são os nomes mais característicos).

Fisher, por sua vez, acompanhou de perto o aparecimento de fenômenos políticos como o Syriza na Grécia, o Podemos e as plataformas municipalistas na Espanha, o corbynismo na Inglaterra e a campanha de Bernie Sanders nos Estados Unidos. Encarava-os como experimentos, etapa necessária de um processo longo e conturbado, de tentativa e erro, no difícil caminho de reorganização de uma esquerda anticapitalista com desejo de ganhar. Esses experimentos poderiam fracassar, ou ser esmagados, mas não há vergonha em perder se você tentou vencer. O crucial, diz Fisher, é adotar uma postura estratégica, aprender com os erros e aumentar nossa "inteligência coletiva", a fim de potencializar as chances de vitória no futuro.

No último post de blog que escreveu, e que nunca chegou a publicar, Fisher analisa a ascensão da direita populista, expressa na eleição de Trump e no Brexit. Observa que a campanha de Trump estava possuída por um "sentimento de excitação efervescente", de "imprevisibilidade anárquica", impulsionada pelo sensação de "pertencer a um movimento em construção", ao passo que a campanha da Hillary Clinton oferecia apenas mais do mesmo. A irrupção desses fenômenos ocorre sobre o pano de fundo de uma insatisfação subterrânea com o realismo capitalista, embora o que é rejeitado nessas "revoltas rudimentares" seja sobretudo a parte do realismo. O populismo de direita fala às fantasias, aos desejos nostálgicos de restauração. Trata-se, para Fisher, de um projeto de parte da própria elite para substituir um *establishment* por outro, agitando um fervor missionário político que o realismo capitalista tendia a diluir e deprimir. E marca o fim da distopia banal e maçante dos longos anos 1990, dominados pela tecnocracia neoliberal pós-política – agora estamos em *outro tipo de distopia*, e se quisermos fazer frente a ela, teremos que inventar novas formas de articulação desejantes.

Desejos pós-capitalistas

Os últimos anos de Fisher foram dedicados a pensar em alternativas positivas ao realismo capitalista. Esses esforços se desdobraram em várias direções, sem resultar em uma obra finalizada: realismo comunista, comunismo luxuriante, comunismo lisérgico.

Por um lado, um Fisher cada vez mais pragmático e programático estava preocupado em pensar uma política que disputasse o centro do tabuleiro, o *mainstream*, que pudesse ter efeitos práticos institucionais e avançasse concretamente na direção de consolidar uma base de poder. Esse tipo particular de orientação, diz Fisher, não aposta todas as suas fichas numa transformação repentina e definitiva, e nem concede o terreno do que é "realista" ao inimigo. Trata-se de avaliar sobriamente os recursos que estão disponíveis para nós aqui e agora, e pensar sobre como podemos melhor usá-los e ampliá-los, para nos movermos – "talvez devagar, mas certamente com propósito" – de onde estamos para onde desejamos chegar.

Por outro lado, o mesmo Fisher inspira-se na contracultura dos anos 1960 e 1970 para avançar o "princípio psicodélico-prometeico" da consciência lisérgica: qualquer realidade é provisória, plástica, sujeita a transformação por meio do desejo coletivo.

É um Fisher que reivindica Stuart Hall, no seu sonho de articular a "modernidade libidinal" (que encontrara na música popular) com o "projeto político progressista" da esquerda organizada. De Hall, Fisher herda a propensão de ver os vários estratos da vida social, em especial a cultura, como "terrenos de luta" e não "domínios do capital", essencializados e monolíticos.

No fim das contas, a posição de Fisher é que não precisamos escolher entre uma "abordagem hegemônica" e uma "política do desejo". A tarefa é justamente renovar a política de classe por meio do desejo – construir coletivamente uma política que possa competir com o capitalismo no nível libidinal... e vencer! Práticas moleculares de expansão da consciência, por exemplo, não são opostas à "ação indireta", necessária para produzir transições ideológicas persistentes. É preciso levar as instituições a sério, mas compreendendo que elas não serão renovadas por dentro, só pela ação de massas de movimentos oposicionais. É a combinação do utópico com o pragmático que tanto se faz necessária hoje: pragmatismo sem utopia leva à resignação rebaixada do neoliberalismo progressista, enquanto utopia sem pragmatismo nos deixa "na posição da bela alma: com as mãos limpas, mas inúteis".

A tarefa perene da esquerda passa por criar uma visão positiva que possa galvanizar apoio amplo o bastante para ganhar vida própria. Em um diálogo com Judy Thorne (do coletivo Plan C) sobre comunismo luxuriante, Fisher argumenta: "Muito do capitalismo funciona por meio de processos hipersticionais, [...] precisamos pensar sobre como seria uma prática hipersticional comunista". Ou seja, precisamos inventar ficções sobre o futuro, para que elas possam se tornar reais.

A filosofia de Fisher sempre almejou ir "além do princípio do prazer" – o processo de dessubjetivação, de sair de si mesmo, de abandonar o familiar, pode às vezes ser doloroso, mas é o único caminho pra frente. A intervenção pública de Fisher buscou chacoalhar uma esquerda complacente e esgotada, assombrada pelo seu passado e refém dos próprios fracassos. O propósito era empurrá-la para fora de seu imobilismo confortável, de seus circuitos impotentes de culpa e ressentimento.

Essa não é tarefa para um indivíduo: "nenhum indivíduo pode mudar nada, nem mesmo a si mesmo". A ideologia individualista da auto-ajuda é puro "voluntarismo mágico", invocado para nublar as causas estruturais da miséria real. O desejo pelo futuro, que poderia exercer mais atração libidinal do que a "revolta na ordem" "niiliberal", precisa ainda se encarnar em um "novo tipo de agente coletivo". Fisher, fiel que era de um "destino secular", via sinais de que essa recomposição já estaria em curso: uma onda ascendente de política experimental, com as pessoas comuns redescobrindo a consciência de grupo e a potência do coletivo.

De todo modo, gostemos ou não, a política está de volta. A história começou a se mover novamente. A desintegração é uma abertura perigosa, e nada está garantido – mas, como diz Fisher, "a vitória da direita só é inevitável se nós pensarmos que é".

Referências

Fisher, Mark. *Ghosts of My Life: Writings on Depression, Hauntology and Lost Futures.* Londres: Zero Book, 2012.

Fisher, Mark. *The Weird and the Eerie.* Londres: Repeater/Watkins Media Limited, 2017.

Fisher, Mark. *Flatline constructs: gothic materialism and cybernetic theory-Fiction.* Nova York: Exmilitary Press, 2018.

Fisher, Mark. "Terminator vs Avatar" [2012] *in #Accelerate: the accelerationist reader.* Mackay, Robin & Avanessian, Arvan (orgs.). Londres: Repeater/Watkins Media Limited, 2014.

Fisher, Mark. *K-punk: the collected and unpublished writings of Mark Fisher (2004–2016).* Londres: Repeater/Watkins Media Limited, 2018.

Mackay, Robin & Avanessian, Arvan (orgs.), *#Accelerate: the accelerationist reader.* Londres: Repeater/Watkins Media Limited, 2014.

Este livro foi composto em Neue Haas Grotesk
Display Pro e Minion Pro.